会社別就活ハンドブックシリーズ

2025

エイベックスの
就活ハンドブック

就職活動研究会 編
JOB HUNTING BOOK

は じ め に

　2021年春の採用から，1953年以来続いてきた，経団連（日本経済団体連合会）の加盟企業を中心にした「就活に関するさまざまな規定事項」の規定が，事実上廃止されました。それまで卒業・修了年度に入る直前の3月以降になり，面接などの選考は6月であったものが，学生と企業の双方が活動を本格化させる時期が大幅にはやまることになりました。この動きは2022年春そして2023年春へと続いております。

　また新型コロナウイルス感染者の増加を受け，新卒採用の活動に対してオンラインによる説明会や選考を導入した企業が急速に増加しました。採用環境が大きく変化したことにより，どのような場面でも対応できる柔軟性，また非接触による仕事の増加により，傾聴力というものが新たに求められるようになりました。

　『会社別就職ハンドブックシリーズ』は，いわゆる「就活生向け人気企業ランキング」を中心に，当社が独自にセレクトした上場している一流・優良企業の就活対策本です。面接で聞かれた質問にはじまり，業界の最新情報，さらには上場企業の株主向け公開情報である有価証券報告書の分析など，企業の多角的な判断・研究材料をふんだんに盛り込みました。加えて，地方の優良といわれている企業もラインナップしています。

　思い込みや憧れだけをもってやみくもに受けるのではなく，必要な情報を収集し，冷静に対象企業を分析し，エントリーシート作成やそれに続く面接試験に臨んでいただければと思います。本書が，その一助となれば幸いです。

　この本を手に取られた方が，志望企業の内定を得て，輝かしい社会人生活のスタートを切っていただけるよう，心より祈念いたします。

就職活動研究会

Contents

第 **1** 章

エイベックスの会社概況

会社によって選考方法は千差万別。面接で問われる内容や採用スケジュールもバラバラだ。採用試験ひとつとってみても，その会社の社風が表れていると言っていいだろう。ここでは募集要項や面接内容について過去の事例を収録している。

また，志望する会社を数字の面からも多角的に研究することを心がけたい。

✔ コンプライアンスポリシー

僕たちは世の中から「芸能」や「エンタテインメント」と言われたりする業界にいる。

人を喜ばせたり泣かせたりすること，つまり「感動させること」が僕たちの仕事だ。

だから他のお硬い業界とはちょっと違う。

あまり硬いことばっかり言われても，「いいもの」が作れないし，

体制に反抗する気持ちがないと「新しいもの」ができなかったりする。

だから，ルールや規則は苦手なヤツが多い。

だからと言って，僕たちは別に悪いことをしようとしているわけではない。

逆に人の気持ちや思いをものすごく大切にしているつもりだ。

人の心の中にある，いいもの，悪いもの，強いもの，弱いもの，

そういうものを全部ひっくるめて受けとめて，

それをクリエイティヴに僕たちや仲間が音楽や映像，その他いろいろな形に変えて，

人々に伝えていくことが仕事だ。

だから型にはまった考え方をしてちゃいけないし，純粋でなくちゃいけない。

いつも人の心と向き合って生きていかなきゃいけない。

そんな僕たちが大事にしていることがある。

形のないものをベースにして，感動とともに人の心に届けるものを作っていくためには，

僕たちの中に「愛」と「信頼感」がないと何も始まらない。

別の言い方をすると，そもそもこういうヤツじゃないと一緒に仕事なんかできないよ，と
いったものだ。

これを難しく言えば，僕たちの「倫理観」かもしれないが，今回あらためてそれが

世の中のルールとか規則に照らして合わせて，変なものかどうかを真剣に考えた。

結論は「全然変じゃない！」

僕たちはコンプライアンスのもとになるものは人の心そのものだと思っている。

心の問題をルールで縛ることは難しいかもしれないが，

ベースに心がなければ形式的なもので終わってしまう気がする。

ちょっと変なコンプライアンスかもしれないが，

これなら僕たち自身が本当に納得できるというものにまとめた。

だから，ここにはなんの嘘も偽りもない。

エイベックス株式会社

代表取締役会長　松浦勝人

✔ 会社データ

本社所在地	〒108-0073 東京都港区三田一丁目4番1号 住友不動産麻布十番ビル（総合受付10F）
設立年月日	1988年4月11日
資本金	45億9,966万700円
代表者	代表取締役会長 松浦勝人 代表取締役社長CEO 黒岩克巳 代表取締役CFO 林真司
グループ従業員数	1,514人（2023年3月31日時点）

✔ 事業内容

音楽事業

音楽の制作・販売、ライヴやイベントの企画・制作・マーチャンダイジング、ECサイトの運営やチケット販売などを展開。マネジメント部門では、アーティスト、タレント、モデル、スポーツ選手、クリエイターなどの発掘・育成およびエイベックス・アーティストアカデミーの運営を行っています。

ライヴ

社内外のアーティストのライヴ・イベント・舞台などの企画・制作・運営を行っています。 また、自社開発したイベント・コンテンツや、国内外のパートナーと共同開発したイベント・コンテンツを展開しています。

マネジメント

アーティスト・タレント・クリエイター・アスリート・文化人などのマネジメントを行っています。また、新人開発・スクール運営も展開しており、発掘・育成・マネジメントの一貫した体制を構築し、ヒット・コンテンツ作りを強化しています。

MD

マーチャンダイジングの企画・制作・販売を行っています。

音楽レーベル

音楽コンテンツの企画・制作・販売を行なっています。
その他機能として、スタジオ・Z-aN・BIG UP！などを保有しています。

音楽出版

エイベックスが保有する音楽著作権の管理、開発を行っています。
自社他社を問わず、アーティストへの楽曲提供や海外作家への楽曲の発注、CM、ゲーム、パチンコ等への楽曲提供も行っています。また、エイベックスが保有する音楽原盤の二次的利用の一元管理・開発業務を担い、国内外の楽曲・音源両方の積極的な開発、利用促進を行っています。

ビジネスアライアンス

アーティスト、タレント、ライヴ、イベントといった、エイベックスに所属するIPを活用したアライアンス事業を展開。取引先は企業、自治体、メディアと多岐に渡り、「エイベックスIPヒットへの貢献」と「マネタイズの最大化」をミッションとしています。

アニメ・映像事業

アニメーション・実写作品の企画・プロデュースや出資・制作、ライヴ・舞台の企画・制作、映像配信、映画配給、マーチャンダイジングやパッケージ流通など360度ビジネスを展開しています。

アニメパッケージ

アニメコンテンツパッケージの企画・制作・販売を行っています。

ノンパッケージ

マーチャンダイジング・ライヴ・イベント・ゲーム・映画・海外展開などを中心に多様なビジネスを展開しています。

デジタル事業

ファンクラブを中心としたファンマーケティング事業や、ブロックチェーン事業などデジタル領域のビジネスを展開しています。

FC

ファンクラブの運営を行っています。

テクノロジー

ブロックチェーン技術を活用した開発・運用を行っています。

その他事業

アジア圏でのライセンスビジネス、コンサート等の企画・制作、アーティストマネジメント、米国での音楽出版、レコードレーベル、ベンチャー投資を行い、その他にも注力事業とのシナジー創出を目指し、様々な取り組みを行っております。

アジア

アジアを中心とした地域で音楽ライヴ、アニメ関連イベント、アーティストマネジメントなどを行っています。また、エイベックスの保有するIPのみならず、様々なIPを活用したライセンスビジネスも展開しています。

北米

Justin Bieber / "Peaches"」などのプロデューサー「Harv」との全世界専属出版契約や、Justin Bieber や The Weeknd のメタバースコンサートを制作・運営する Wave へのベンチャー投資を行っています。

✔ 先輩社員の声

アーティストの活動と作品を
より外に広げていくのが A&R の役目

【エイベックス・ミュージック・クリエイティブ株式会社／ 2010 年入社】

何でも気兼ねなく相談してもらえるように

アーティストと一緒に作品概要を考えていくところから仕事が始まります。アーティストのやりたいことをくみ上げるだけでなく，ときには意見を交わすこともあります。そのためにも何でも気兼ねなく相談してもらえるような関係でいられるよう心がけています。

普段の生活の中で常にアンテナを張っておく

アーティストと意見を交わす上で，僕ら A&R が世間で何が流行っているのか，世の中の人々が何を求めているのかを常に把握する必要があると思います。自分の場合，今の部署に来る前の営業部経験も活きていますが，やはり重要なのは普段の生活の中で常にアンテナを張っておくことだと思います。それは音楽制作だけに限らず，宣伝や販売方法のヒントにもなりますから。

外に視野を広げるのが A&R の役目

HIP HOP のアーティストの担当だからといって，HIP HOP だけに強いのではダメだと思っています。世の多くの人にアーティストの事・作品の事を理解してもらえるよう，外に視野を広げる意識をもってこそ，僕ら A&R がアーティストの活動に携わる意味があると思います。担当アーティストの ANARCHY の宣伝では渋谷でビルボード広告を打ったり，アドトラックを走らせたりと様々な施策も組みましたが，最も大切にしたのは『初めて ANARCHY を知る人にどんなメッセージを届けるか』ということでした。

応募資格	2023年4月〜2024年3月卒業の方
募集職種・分野	弊社では、グループ一括採用を行っています。 職種・配属分野については、本人の希望と適性をもとに決定致します。 【配属部門例】 音楽部門 / ライヴ部門 / マネジメント部門 / アニメ・映像部門 / デジタルプラットフォーム部門 / 海外部門 / 管理部門　など
勤務時間	コアタイムなしのフレックスタイム制 （標準労働時間8時間）
給与	年俸 ①基本給　3,384,000円〜 ②時間外20時間相当分　540,000円〜 （時間外労働の有無に関わらず、20時間分の時間外手当として別途支給） ①+②のトータル　3,924,000円（保障）〜 ※ご経験や実績を考慮の上、当社規定により決定いたします。 ※試用期間3ヶ月 ※別途、20時間を超える分の時間外手当、休日出勤手当、深夜勤務手当支給 賞与 年1回　期末賞与（業績により変動有り）
交通費	会社規程に基づき全額支給
休日休暇	週休2日制（土日） 祝日、夏期・年末年始休暇、有給休暇（初年度10日/年間最大付与20日）、リフレッシュ休暇（年3日）、結婚休暇、忌引休暇　等
福利厚生	社会保険完備、社員持株会、法人契約国内保養所　他

✔2023年の重要ニュース (出典:日本経済新聞)

■エイベックス、3月に都内でアートフェア ライブも（1/17）

エイベックスは17日、3月3～5日に都内でアートフェアを開くと発表した。アーティスト30人の絵画など100点以上を展示し、音楽ライブも開く。アート分野のIP（知的財産）を育成し、作品・若手アーティストを広く知ってもらう機会を提供する。

アート作品の電子商取引（EC）販売や、アーティストのエージェント（代理人）などの事業も国内外で展開する予定で、アート領域の才能を発掘する。

■「ぐんまちゃん」、米国のアニメ展示会に初参加へ（6/27）

群馬県は、県のマスコットキャラクターである「ぐんまちゃん」が7月1～4日、米ロサンゼルスで開催される北米最大級のアニメ展示会「Anime Expo（アニメ・エキスポ）2023」に初参加すると発表した。ブースを出展し、アニメ作品と温泉など県の魅力をアピールする。ぐんまちゃんも登場してダンスなどを披露する。

アニメの海外販売を手掛けるエイベックス・ピクチャーズと県が共同で出展する。県制作のアニメ「ぐんまちゃん」は、2021年に国内放映されたシーズン1が今年2月から米国のアニメ配信サービスを通じて海外配信されている。県は「出展で海外の認知度を高め、観光客の誘致にもつなげたい」（メディアプロモーション課）と話す。

アニメ・エキスポは毎年7月に米ロサンゼルスで開かれ、多くのアニメファンが集まる。19年には約35万人が参加した。

■「東リベ」「SPY×FAMILY」をインドで配信（12/13）

講談社や集英社などは12日からインドでアニメ配信を始めた。共同出資するアニメ配給会社が米アマゾン・ドット・コムの動画配信サービスのインド版に「東京リベンジャーズ」や「SPY×FAMILY」などを英語字幕付きで提供する。インドではアニメ市場が急拡大しており、海外展開の足がかりとする。

アニメ配給会社「アニメタイムズ」は両社のほか、小学館やエイベックス・ピクチャーズなど13社が出資する。すでにアマゾンの「プライム・ビデオ」の日本版ではアニメチャンネルを運営しており、インドで初となる海外でのチャンネル運営を始めた。

月額299ルピー（約520円）のアマゾンプライム会員費とは別に年額899

ルピー（約1560円）を支払うことで小学館の「今際の国のアリス」などチャンネル内のコンテンツがすべて視聴できる。2024年4月までに作品数を順次増やしていく。

　初の海外展開でインドを選んだのは、アニメ市場が急拡大しているためだ。日本貿易振興機構（JETRO）の調査によると21年のインドにおけるアニメ市場規模は19年比1.4倍の305億ルピー（約530億円）だった。24年には590億ルピー（約1020億円）に到達すると予測される。

　競合のネットフリックスなどは単体でアニメ作品を配信するが、アニメタイムズは講談社の東京リベンジャーズや集英社のSPY×FAMILYなど複数社のコンテンツを一括で視聴できるといった強みを持つ。今後、東南アジアなどを中心に他地域でも同チャンネルの配信を目指す。

　アニメタイムズはアニメグッズの海外でのECサイトも手がけており、配信先を海外に広げることで、グッズ販売の拡大にもつながるとみている。

✔2022 年の重要ニュース _{（出典：日本経済新聞）}

■サウジ祭典にアニメ施設 「鬼滅の刃」も（5/27）

　サウジアラビアの国民的イベントに、日本アニメの体験型施設がオープンした。エイベックスがサンリオなどアニメ関連企業と連携し、「鬼滅の刃」や「進撃の巨人」など 12 作品の体験型施設を 7 月 2 日まで出展する。これまで各社の中東への進出は遅れていたが、サウジがエンターテインメント産業の育成にかじを切るなかで潮目が変わりつつある。

　エイベックスは、サウジの第二の都市ジェッダで 2 日から開催されているイベント「ジェッダ・シーズン 2022」に体験型施設「アニメビレッジ」を開設した。現地のイベント会社と提携し、「機動戦士ガンダム」の巨大ジオラマや「キャプテン翼」の仮想現実（VR）ゲームなど計 12 作品の施設を構え、グッズ販売の「アニメイトショップ」や「サンリオショップ」も出店した。

　「ジェッダ・シーズン 2022」はサファリや遊園地など 9 つのゾーンがあり周辺国からも多くの来場客を集める。21 年度に首都リヤドで開催された類似のイベント「リヤド・シーズン」には 5 カ月間で約 1500 万人が来場したという。

　エイベックスは出展にあたり、サンリオなどアニメ関連企業とライセンス契約を結んだ。各社が保有するアニメの知的財産(IP)を現地企業などにアピールする。

　これまでサウジなど中東地域には、日本のアニメは欧米などと比べて進出が遅れていた。作品がイスラム教の価値観にそぐわないケースなどがあり二の足を踏んでいたからだ。「日本には豊富なアニメの IP があるが、『名探偵コナン』など一部のアニメを除き本格的なビジネスの展開はこれまでできていなかった」と日本貿易振興機構（ジェトロ）で中東を担当する西浦克己氏は話す。

　ただ潮目が変わりつつある。これまでも地上波に加え、海賊版の DVD などで一部の日本のアニメは人気を博していた。米ネットフリックスなどで動画配信サービスが台頭し、サウジなどでも日本のアニメに対する需要が高まっている。アニメ各社は現地企業との協業を探り、共同で自社コンテンツを現地の文化に沿う内容に修正するなどして市場を開拓していきたい考えだ。

　小学館など大手出版 4 社がサウジの出版社とライセンス契約を結ぶなど、協業の事例が増えている。21 年には東映アニメーションと現地企業が共同制作したアニメ映画が公開された。サウジは石油依存度を下げる「ビジョン 2030」を掲げ、社会経済変革の一つとしてエンタメ産業の育成を進めている。

　日本アニメの海外における市場規模は 20 年に 1 兆 2394 億円となり、初めて国内（1 兆 1867 億円）を上回った。経済産業省が 20 年に公表した資料によ

ると、中東・アフリカのコンテンツ市場は人口増加を追い風に、23年まで欧米を上回る毎年3.5%前後のペースで伸び続けるという。

サウジのイベントに日本のアニメ各社が出展するのは今回で2回目だ。前回は19年の「リヤド・シーズン」で3日間出展し、4万人弱が訪れた。今回のジェッダ・シーズンでは7月2日までの計45日間展開する。

エイベックスは19年に、サウジ建国記念日に花火ショーを企画。その実績を買われ、今回の出展に至った。今後は現地でイベントやグッズ販売といったライセンスビジネスを手掛けながら、自社の楽曲やアーティスト、アニメの展開も目指す。

■4～6月純利益16億円　ライブ増で伸びる（8/4）

エイベックスが4日発表した2022年4～6月期の連結決算は純利益が16億円だった。1100万円だった前年同期から大幅に伸びた。新型コロナウイルス感染拡大の影響が和らいだことを受け、ライブ公演数を2倍にしたことが奏功した。

売上高は47%増の284億円、営業利益は約9倍の22億円だった。アーティスト「AAA（トリプル・エー）」やジャニーズ事務所に所属する男性アイドル「Snow Man（スノーマン）」など、人気グループのライブDVD・ブルーレイ販売が貢献。音楽配信も伸びた。

23年3月期通期の業績予想は据え置いた。営業利益は前期比61%減の10億円、純利益は56%減の4億円になる見通し。売上高や経常利益の予想は公表していない。

■世界で活躍できるスター育成の組織設立（11/1）

エイベックスは1日、グローバルで活躍するスターを育成する組織「avex Youth（エイベックス　ユース）」を設けたと発表した。人材発掘や育成に5年間で50億円規模を投資する。歌手や俳優、声優アーティストなどの発掘からデビュー、スターに成長するまでを支援する。

才能発掘の専門家がオーディションやスカウトなどを通じて国内で2万5000人超の候補生にアプローチし、素質や個性がある100人をエイベックスユースのメンバーとして選んだ。

寮生活でのレッスンや語学学習などを通じ、育成プロデューサーやボーカル・ダンス指導者らが指導する。年間約2万人にアプローチし、メンバーを発掘していく。

✔2021年の重要ニュース (出典：日本経済新聞)

■エイベックス、中国の配信大手Bilibiliに音楽動画提供（1/13）

　エイベックスは13日、中国の動画配信大手のBilibili（ビリビリ）にエイベックスが保有する音楽動画を提供したと発表した。アーティストの中国市場での展開を支援する。今後はオンラインライブなど楽曲提供以外の協業も進める方針だ。

　エイベックスは子会社のAvex Hong Kongを通じて、ビリビリと音楽動画のライセンス契約を締結した。歌手の浜崎あゆみさんの楽曲など保有する3000曲以上が2020年12月28日からビリビリで視聴できるようになった。

　日本のドラマや映画に使用された楽曲を中心に日本のJ-POPは若年層に人気がある。約2億人の月間利用者を誇るビリビリでの動画配信を通じて、国内アーティストの中国進出を支援する。

　エイベックスは20年にファッションメディア事業を手掛けるHypebeast（ハイプビースト、香港）と提携し、レーベル事業の海外展開に向けた取り組みを強化している。

■エイベックス、YouTubeでアーティストのグッズ販売（3/4）

　エイベックスは4日、アーティストの公式ページでグッズを販売できるサービスを始めると発表した。動画投稿サイト「ユーチューブ」と音楽ストリーミングサービス「スポティファイ」で販売できるようになる。オンライン上での公式グッズの販路拡大を支援する。

　エイベックス・デジタル（東京・港）は「MD-SASS」を提供する。アーティストのグッズ販売サービスを手掛ける米MERCHBAR（マーチバー）のシステムを使い、公式グッズの掲載と販売、物流を担う。海外にも商品を発送できるようになる。

　アーティストにとって、オンライン上での顧客接点の重要性は高まっている。商品の販路を拡大すると同時に、露出を増やし、ファンの定着を図る。

　エイベックスに所属する浜崎あゆみさんなどのグッズに対応している。今後は、エイベックス以外に所属するアーティストへも訴求する。

■楽曲制作費、ネットで調達　エイベックス（6/3）

　エイベックスはアーティストが楽曲の制作費用をインターネットで調達できるサービスを始める。クラウドファンディング大手と組み、1口1000円から出資

を募って制作した楽曲を配信し、売り上げに応じた配当を払う。若手のアーティストの活動費用を投資という形で支援する仕組みを通じて、音楽ファンの拡大にもつなげる。

　ミュージックセキュリティーズ（MS、東京・港）と組み、「MUSIC UP！」というサービスを近く始める。エイベックスの所属アーティスト以外も利用できる。

　出資を募る専用のサイトを作り、出資を希望するアーティストが経歴や作りたい曲のイメージ、音源の一部などを掲載する。集まった資金を元手に楽曲を制作・収録し、エイベックスを通じて各音楽配信サービスで有料配信する。資金使途は楽曲制作や宣伝などに限定し、正しく使われているかをMSが確認する。

　投資した人は年1回、楽曲の配信売り上げから、出資額に応じた配当を受ける。投資家専用ページでは各配信サービスでの1日あたり再生回数や月間配信売り上げ、アーティストの活動などを確認できる。資金面だけでなく、アーティストのファンになってもらうことで活動を支援してもらう。

　楽曲への出資期間は10年などあらかじめ決まっており、期間が終了すれば投資家は配当を受ける権利もなくなる。楽曲が売れず配当収入が少なければ、投資額が元本割れとなる恐れもある。

　音楽アーティストは新型コロナウイルス感染拡大でライブが開催できないなど、活動が難しくなっている。エイベックスはアーティストが創作に専念できる環境を整える。

　誰でも音楽配信サービスに楽曲を配信できるようになり、レーベルなどに所属しない独立系アーティストの音楽市場でのシェアは高まっている。エイベックスは早期に接点を持ち、有望なアーティストとの契約につなげる狙いもある。

■エイベックス、麻布十番に本社移転（6/25）

　エイベックスは25日、2022年3月をめどに本社を移転すると発表した。20年に東京都港区の本社ビルを売却した後も同ビルに入居していたが、住友不動産麻布十番ビル（東京・港）に移る。新型コロナウイルス禍で出社率が下がり、オフィス計画を見直したと説明する。

　東京都港区のエイベックスビルから本社を完全に移転する。移転先の面積などはまだ決まっていない。

　エイベックスは20年に本社ビルをカナダの大手不動産ファンド、ベントール・グリーンオーク（BGO）に売却した。在宅勤務が定着し出社率が約3割に減ったことを受け、サテライトオフィスの活用なども視野に、オフィス計画を再検討する。

✔ 就活生情報

> 出身校に関係なしで，本当に人を見てもらうので，本番面接のときはしっかり自分の言葉で，自分の思いを伝えましょう

（記載無し）2012卒

エントリーシート

・形式：サイトからダウンロードした用紙に手で記入
・内容：志望動機／アピールポイント／フリースペース等

セミナー

・選考とは無関係
・服装：リクルートスーツ
・内容：業界説明，企業紹介，業種解説，実際の仕事例

筆記試験

・形式：Web テスト
・科目：数学，算数／国語，漢字／クリエイティブ
・内容：Web では普通の SPI ようなテスト，筆記はクリエイティブような問題

面接（個人・集団）

・雰囲気：普通
・回数：4回
・質問内容：志望業種に沿って質問される。ほぼグループ面接だった。ES からの質問／最近 CD を購入したか，それは誰のか／最近行ってきたコンサートは？

内定

・拘通知方法：電話
・タイミング：予定より早い

❯ その他受験者からのアドバイス

・企業研究や自己分析はとにかく早めにした方が楽

「こんなことやりたい」という一時的な興味より，「こんな自分になりたい」を大切にするといいのではないかと思います

（職種不明） 2012卒

エントリーシート

・形式：ダウンロードして，プリントアウトして手書きで記入
・内容：「志望動機」「アピールポイント」「フリースペース」など

セミナー

・選考とは無関係
・服装：まったくのふだん着

筆記試験

・形式：Webテストとその他
・科目：数学，算数／国語，漢字／性格テスト／クリエイティブ
・内容：Webの段階では普通の学力テスト，筆記はクリエイティブな問題

面接（個人・集団）

・回数：4回
・質問内容：面接官や学生によってバラバラだった

内定

・拘束や指示：電話による内定通知の際に，「（内定を受諾するかどうか）どうしますか？」と聞かれた

● その他受験者からのアドバイス

・OB/OG訪問も機会があれば行った方がいいです。実際に働いている人の声は参考になります
・なぜこの会社なのかを自分の言葉で伝えられるようにしてください。面接は自分自身のプレゼンです。気負わず，素直な気持ちで挑んでください

面接，面談は慣れです。笑顔で元気にハキハキと！
それができた上で，企業研究や自己分析が重要にな
ると思います

（職種不明） 2012卒

エントリーシート

・なし

セミナー

・選考とは無関係
・服装：リクルートスーツ
・内容：業界説明，企業紹介，業種解説，実際の仕事例だっ

筆記試験

・形式：Webテストとその他
・科目：英語／数学，算数／国語，漢字／クリエイティブ
・内容：Webでは普通のSPIのようなテストで，筆記はクリエイティブな問題

面接（個人・集団）

・回数：3回
・質問内容：エントリーシートの内容に沿った質問のほか，最近CDを購入した
か，誰のCDか，最近行ってきたコンサートは誰のものか，など
最終以外はグループ面接だった，

内定

・拘束や指示：特になし
・通知方法：電話

● その他受験者からのアドバイス

・業界を問わず，社員の方と話せるイベントに参加することをお勧めします。
私はそこで影響を受けたことで，後悔しない就活ができました。
・自分が何をしたいのか目標を大きく立てて，そこから自分が何をすべきなの
かを考えていくといいと思います

迷ったとき困ったときは，発想を転換させることも
必要です

総合職 2010卒

エントリーシート

・形式：サイトからダウンロードした用紙に手で記入
・内容：志望理由／最近の面白い発見又は徹底的にこだわってきた事／入社後実
　現したい事。A4用紙1枚をつかって「ご自身を売り込んでください」

セミナー

・選考とは無関係
・服装：きれいめの服装

筆記試験

・形式：Webテスト
・科目：数学，算数／国語，漢字／性格テスト

面接（個人・集団）

・雰囲気：普通
・回数：3回
・質問内容：どうしてavexなのか／avexで自分は何が出来るかを基本に，人
　それぞれ多様な質問

内定

・通知方法：電話

● その他受験者からのアドバイス

・avexは人柄重視。学力や見た目で人を判断しない。個性を評価してくれる。
・自分は何がしたいかではなく，この企業で自分は何が出来るのか。一方的
　に自分のことばかりを主張するのではなく，企業目線，社会目線で自分の
　価値を考える

総合職 2010卒

エントリーシート

・形式：プリントアウトして手書きで記入する形式。

・内容は「志望理由」「最近の面白い発見，または徹底的にこだわったこと」「入社後実現したいこと」「A4サイズ1枚分で自由に自分を売り込む」

セミナー

・選考とは無関係

・服装：リクルートスーツ

・内容：社員との座談会や逆質問，事業説明

筆記試験

・形式：Webテスト

・科目：数学，算数／国語，漢字／性格テスト

面接（個人・集団）

・雰囲気：普通

・回数：4回

・質問内容：エントリーシートに沿った質問のほか，なぜこの会社なのかなど

（職種不明） 2010卒

エントリーシート
・形式：採用ホームページから記入
・内容：長所を活かして将来企業で実現したいこと

セミナー
・選考とは無関係
・服装：きれいめの服を着用
・内容：社員との座談会や逆質問，事業説明

筆記試験
・形式：Webテスト
・科目：数学，算数／国語，漢字／性格テストだった

面接（個人・集団）
・雰囲気：和やか
・回数：3回
・質問内容：どうしてこの会社なのか，この会社で自分は何ができるかなど

内定
・拘記載無し

✔ 有価証券報告書の読み方

01 部分的に読み解くことからスタートしよう

　「有価証券報告書（以下，有報）」という名前を聞いたことがある人も少なくはないだろう。しかし，実際に中身を見たことがある人は決して多くはないのではないだろうか。有報とは上場企業が年に1度作成する，企業内容に関する開示資料のことをいう。開示項目には決算情報や事業内容について，従業員の状況等について記載されており，誰でも自由に見ることができる。

　一般的に有報は，証券会社や銀行の職員，または投資家などがこれを読み込み，その後の戦略を立てるのに活用しているイメージだろう。その認識は間違いではないが，だからといって就活に役に立たないというわけではない。就活を有利に進める上で，お得な情報がふんだんに含まれているのだ。ではどの部分が役に立つのか，実際に解説していく。

■有価証券報告書の開示内容
　では実際に，有報の開示内容を見てみよう。

有価証券報告書の開示内容
第一部【企業情報】
第1【企業の概況】
第2【事業の状況】
第3【設備の状況】
第4【提出会社の状況】
第5【経理の状況】
第6【提出会社の株式事務の概要】
第7【提出会社の状参考情報】
第二部【提出会社の保証会社等の情報】
第1【保証会社情報】
第2【保証会社以外の会社の情報】
第3【指数等の情報】

有報は記載項目が統一されているため，どの会社に関しても同じ内容で書かれている。このうち就活において必要な情報が記載されているのは，第一部の第1【企業の概況】～第5【経理の状況】まで，それ以降は無視してしまってかまわない。

02 企業の概況の注目ポイント

第1【企業の概況】には役立つ情報が満載。そんな中，最初に注目したいのが，冒頭に記載されている【主要な経営指標等の推移】の表だ。

回次		第25期	第26期	第27期	第28期	第29期
決算年月		平成24年3月	平成25年3月	平成26年3月	平成27年3月	平成28年3月
営業収益	（百万円）	2,532,173	2,671,822	2,702,916	2,756,165	2,867,199
経常利益	（百万円）	272,182	317,487	332,518	361,977	428,902
親会社株主に帰属する当期純利益	（百万円）	108,737	175,384	199,939	180,397	245,309
包括利益	（百万円）	109,304	197,739	214,632	229,292	217,419
純資産額	（百万円）	1,890,633	2,048,192	2,199,357	2,304,976	2,462,537
総資産額	（百万円）	7,060,409	7,223,204	7,428,303	7,605,690	7,789,762
1株当たり純資産額	（円）	4,738.51	5,135.76	5,529.40	5,818.19	6,232.40
1株当たり当期純利益	（円）	274.89	443.70	506.77	458.95	625.82
潜在株式調整後1株当たり当期純利益	（円）	—	—	—	—	—
自己資本比率	（%）	26.5	28.1	29.4	30.1	31.4
自己資本利益率	（%）	5.9	9.0	9.5	8.1	10.4
株価収益率	（倍）	19.0	17.4	15.0	21.0	15.5
営業活動によるキャッシュ・フロー	（百万円）	558,650	588,529	562,763	622,762	673,109
投資活動によるキャッシュ・フロー	（百万円）	△370,684	△465,951	△474,697	△476,844	△499,575
財務活動によるキャッシュ・フロー	（百万円）	△152,428	△101,151	△91,367	△86,636	△110,265
現金及び現金同等物の期末残高	（百万円）	167,525	189,262	186,057	245,170	307,809
従業員数〔ほか，臨時従業員数〕	（人）	71,729 〔27,746〕	73,017 〔27,312〕	73,551 〔27,736〕	73,329 〔27,313〕	73,053 〔26,147〕

見慣れない単語が続くが，そう難しく考える必要はない。特に注意してほしいのが，**営業収益**，**経常利益**の二つ。営業収益とはいわゆる**総売上額**のことであり，これが企業の本業を指す。その営業収益から営業費用（営業費（販売費＋一般管理費）＋売上原価）を差し引いたものが**営業利益**となる。会社の業種はなんであれ，モノを顧客に販売した合計値が営業収益であり，その営業収益から人件費や家賃，広告宣伝費などを差し引いたものが営業利益と覚えておこう。対して経常利益は営業利益から本業以外の損益を差し引いたもの。いわゆる金利による収益や不動産収入などがこれにあたり，本業以外でその会社がどの程度の力をもっているかをはかる絶好の指標となる。

■会社のアウトラインを知れる情報が続く。

　この主要な経営指標の推移の表につづいて、「会社の沿革」、「事業の内容」、「関係会社の状況」「従業員の状況」などが記載されている。自分が試験を受ける企業のことを，より深く知っておくにこしたことはない。会社がどのように発展してきたのか，主としている事業はどのようなものがあるのか，従業員数や平均年齢はどれくらいなのか，志望動機などを作成する際に役立ててほしい。

03 事業の状況の注目ポイント

　第2となる【事業の状況】において，最重要となるのは**業績等の概要**といえる。ここでは1年間における収益の増減の理由が文章で記載されている。「○○という商品が好調に推移したため，売上高は△△になりました」といった情報が，比較的易しい文章で書かれている。もちろん，損失が出た場合に関しても包み隠さず記載してあるので，その会社の1年間の動向を知るための格好の資料となる。

　また，業績については各事業ごとに細かく別れて記載してある。例えば鉄道会社ならば，①運輸業，②駅スペース活用事業，③ショッピング・オフィス事業，④その他といった具合だ。**どのサービス・商品がどの程度の売上を出したのか**，会社の持つ展望として，今後**どの事業をより活性化**していくつもりなのか，などを意識しながら読み進めるとよいだろう。

■「対処すべき課題」と「事業等のリスク」

　業績等の概要と同様に重要となるのが，「**対処すべき課題**」と「**事業等のリスク**」の2項目といえる。ここで読み解きたいのは，その会社の**今後の伸びしろ**について。いま，会社はどのような状況にあって，どのような課題を抱えているのか。また，その課題に対して取られている対策の具体的な内容などから経営方針などを読み解くことができる。リスクに関しては法改正や安全面，他の企業の参入状況など，会社にとって決してプラスとは言えない情報もつつみ隠さず記載してある。客観的にその会社を再評価する意味でも，ぜひ目を通していただきたい。

　次代を担う就活生にとって，ここの情報はアピールポイントとして組み立てやすい。「新事業の○○の発展に際して……」，「御社が抱える●●というリスクに対して……」などという発言を面接時にできれば，面接官の心証も変わってくるはずだ。

　最後に注目したいのが，第5【経理の状況】だ。ここでは，簡単にいえば【主要な経営指標等の推移】の表をより細分化した表が多く記載されている。ここの情報をすべて理解するのは，簿記の知識がないと難しい。しかし，そういった知識があまりなくても，読み解ける情報は数多くある。例えば**損益計算書**などがそれに当たる。

連結損益計算書

(単位：百万円)

	前連結会計年度 (自 平成26年4月1日 至 平成27年3月31日)	当連結会計年度 (自 平成27年4月1日 至 平成28年3月31日)
営業収益	2,756,165	2,867,199
営業費		
運輸業等営業費及び売上原価	1,806,181	1,841,025
販売費及び一般管理費	※1 522,462	※1 538,352
営業費合計	2,328,643	2,379,378
営業利益	427,521	487,821
営業外収益		
受取利息	152	214
受取配当金	3,602	3,703
物品売却益	1,438	998
受取保険金及び配当金	8,203	10,067
持分法による投資利益	3,134	2,565
雑収入	4,326	4,067
営業外収益合計	20,858	21,616
営業外費用		
支払利息	81,961	76,332
物品売却損	350	294
雑支出	4,090	3,908
営業外費用合計	86,403	80,535
経常利益	361,977	428,902
特別利益		
固定資産売却益	※4 1,211	※4 838
工事負担金等受入額	※5 59,205	※5 24,487
投資有価証券売却益	1,269	4,473
その他	5,016	6,921
特別利益合計	66,703	36,721
特別損失		
固定資産売却損	※6 2,088	※6 1,102
固定資産除却損	※7 3,957	※7 5,105
工事負担金等圧縮額	※8 54,253	※8 18,346
減損損失	※9 12,738	※9 12,297
耐震補強重点対策関連費用	8,906	10,288
災害損失引当金繰入額	1,306	25,085
その他	30,128	8,537
特別損失合計	113,379	80,763
税金等調整前当期純利益	315,300	384,860
法人税，住民税及び事業税	107,540	128,972
法人税等調整額	26,202	9,326
法人税等合計	133,742	138,298
当期純利益	181,558	246,561
非支配株主に帰属する当期純利益	1,160	1,251
親会社株主に帰属する当期純利益	180,397	245,309

　主要な経営指標等の推移で記載されていた**経常利益**の算出する上で必要な営業外収益などについて，詳細に記載されているので，一度目を通しておこう。
　いよいよ次ページからは実際の有報が記載されている。ここで得た情報をもとに有報を確実に読み解き，就職活動を有利に進めよう。

✔ 有価証券報告書

企業の概況

1　主要な経営指標等の推移

（1）　連結経営指標等 ···

回次		第32期	第33期	第34期	第35期	第36期
決算年月		2019年3月	2020年3月	2021年3月	2022年3月	2023年3月
売上高	（百万円）	160,126	135,469	81,527	98,437	121,561
経常利益又は経常損失(△)	（百万円）	6,529	3,017	△6,538	2,351	4,055
親会社株主に帰属する当期純利益又は親会社株主に帰属する当期純損失(△)	（百万円）	2,354	△1,102	12,831	919	2,742
包括利益	（百万円）	2,829	△36	13,978	2,538	2,626
純資産額	（百万円）	52,055	49,449	58,339	60,694	58,838
総資産額	（百万円）	125,808	120,414	105,105	97,801	108,915
1株当たり純資産額	（円）	1,120.78	1,058.01	1,335.38	1,285.20	1,286.29
1株当たり当期純利益金額又は1株当たり当期純損失金額(△)	（円）	54.53	△25.39	298.11	20.77	60.80
潜在株式調整後1株当たり当期純利益金額	（円）	54.36	－	－	20.76	－
自己資本比率	（%）	38.6	38.2	52.6	59.2	53.3
自己資本利益率	（%）	4.8	△2.3	25.3	1.6	4.7
株価収益率	（倍）	27.1	－	4.6	64.2	24.6
営業活動によるキャッシュ・フロー	（百万円）	11,003	△4,032	△6,480	△4,464	9,192
投資活動によるキャッシュ・フロー	（百万円）	△6,381	△3,444	70,041	△3,387	△3,131
財務活動によるキャッシュ・フロー	（百万円）	△10,014	2,659	△28,928	△314	△2,493
現金及び現金同等物の期末残高	（百万円）	22,832	17,956	52,654	44,671	48,143
従業員数[ほか、平均臨時雇用人員]	（名）	1,461[444]	1,556[534]	1,549[524]	1,407[591]	1,514[617]

（注）　1　第33期の潜在株式調整後1株当たり当期純利益金額については，潜在株式は存在するものの，1株
　　　　　　当たり当期純損失であるため記載しておりません。

　　　　2　第33期の株価収益率については，1株当たり当期純損失であるため記載しておりません。

　　　　3　第34期の潜在株式調整後1株当たり当期純利益金額については，希薄化効果を有している潜在株式

---

point　主要な経営指標等の推移

数年分の経営指標の推移がコンパクトにまとめられている。見るべき箇所は連結の売上，利益，株主資本比率の3つ。売上と利益は順調に右肩上がりに伸びているか，逆に利益で赤字が続いていたりしないかをチェックする。株主資本比率が高いとリーマンショックなど景気が悪化したときなどでも経営が傾かないという安心感がある。

が存在しないため記載しておりません。

4 第36期の潜在株式調整後1株当たり当期純利益金額については，潜在株式が存在しないため記載しておりません。

5 「収益認識に関する会計基準」（企業会計基準第29号2020年3月31日）等を第35期の期首から適用しており，第35期以降に係る主要な経営指標等については，当該会計基準等を適用した後の指標等となっております。

(2) 提出会社の経営指標等 ···

回次		第32期	第33期	第34期	第35期	第36期
決算年月		2019年3月	2020年3月	2021年3月	2022年3月	2023年3月
営業収益	（百万円）	14,627	15,175	3,379	9,805	10,144
経常利益又は経常損失(△)	（百万円）	3,556	4,222	△9,528	△741	△153
当期純利益又は当期純損失(△)	（百万円）	3,105	4,342	10,971	△1,920	△885
資本金	（百万円）	4,333	4,392	4,443	4,521	4,599
発行済株式総数	（株）	45,141,500	45,223,600	45,343,500	45,440,100	45,558,800
純資産額	（百万円）	38,772	40,980	47,308	45,759	42,791
総資産額	（百万円）	93,696	93,002	76,754	70,033	74,722
1株当たり純資産額	（円）	883.68	933.83	1,139.39	1,016.20	947.80
1株当たり配当額 （うち、1株当たり中間配当額）	（円）	50 (25)	50 (25)	121 (25)	50 (25)	50 (25)
1株当たり当期純利益金額 又は1株当たり当期純損失金額(△)	（円）	71.90	99.98	254.91	△43.37	△19.62
潜在株式調整後 1株当たり当期純利益金額	（円）	71.67	99.81	–	–	–
自己資本比率	（％）	40.8	43.7	61.5	65.3	57.3
自己資本利益率	（％）	8.3	11.0	25.0	△4.1	△2.0
株価収益率	（倍）	20.5	8.5	5.4	–	–
配当性向	（％）	69.5	50.0	47.5	–	–
従業員数 ［ほか、平均臨時雇用人員］	（名）	178 [103]	201 [106]	146 [113]	116 [173]	131 [198]
株主総利回り （比較指標：配当込みTOPIX）	（％） （％）	102.1 (95.0)	63.6 (85.9)	106.2 (122.1)	107.4 (124.6)	121.6 (131.8)
最高株価	（円）	1,673	1,496	1,659	1,884	1,800
最低株価	（円）	1,293	771	760	1,240	1,051

(注) 1 第33期において，当社子会社と締結している業務受託契約に基づく業務受託収入の算定方法を変更しております。

2 第34期の潜在株式調整後1株当たり当期純利益金額については，希薄化効果を有している潜在株式が存在しないため記載しておりません。　3第35期の潜在株式調整後1株当たり当期純利益金額については，潜在株式は存在するものの，1株当たり当期純損失であるため記載しておりません。

4 第36期の潜在株式調整後1株当たり当期純利益金額については，1株当たり当期純損失であり，また，潜在株式が存在しないため記載しておりません。

5 第35期及び第36期の株価収益率及び配当性向については，1株当たり当期純損失であるため記載しておりません。

6 最高株価及び最低株価は，2022年4月3日以前は東京証券取引所市場第一部におけるものであり，2022年4月4日以降は東京証券取引所プライム市場におけるものであります。

7 「収益認識に関する会計基準」（企業会計基準第29号2020年3月31日）等を第35期の期首から適用しており，第35期以降に係る主要な経営指標等については，当該会計基準等を適用した後の指標等となっております。

2 沿革

年月	概要
1988年4月	・エイベックス・ディー・ディー（株）（東京都町田市原町田二丁目4番3号）設立（1998年4月にエイベックス（株）との合併により，登記上の設立日は1973年6月1日），輸入レコードの販売を開始
1990年1月	・本社を東京都町田市原町田二丁目7番4号に移転
9月	・自社レーベル「avextrax」を創設し，レコード制作を開始
1991年5月	・本社を東京都町田市鶴間19号に移転
1993年5月	・本社を東京都港区南青山五丁目に移転
1996年2月	・本社を東京都港区南青山三丁目に移転
1998年4月	・エイベックス（株）がエイベックス・ディー・ディー（株）を合併
7月	・Avex Taiwan Inc.（現：連結子会社）を設立
10月	・日本証券業協会に株式を店頭登録
1999年12月	・東京証券取引所市場第一部に上場
2004年10月	・会社分割により持株会社体制に移行（エイベックス（株）を，持株会社であるエイベックス・グループ・ホールディングス（株）（2017年11月，エイベックス（株）に商号変更，現：提出会社）と新設会社エイベックス（株）（2005年4月，エイベックス・エンタテインメント（株）（現：エイベックス・デジタル（株），現：連結子会社）に商号変更）に分割）
2009年1月	・エイベックス・エンタテインメント（株）（現：エイベックス・デジタル（株），現：連結子会社）の会社分割により，エイベックス・マネジメント（株）（現：連結子会社）を設立
4月	・エイベックス・エンタテインメント（株）（現：エイベックス・デジタル（株），現：連結子会社）と（株）NTTドコモが合弁会社エイベックス通信放送（株）（現：連結子会社）を設立

 沿革

どのように創業したかという経緯から現在までの会社の歴史を年表で知ることができる。過去に行った重要なM＆Aなどがいつ行われたのか，ブランド名はいつから使われているのか，いつ頃から海外進出を始めたのか，など確認することができて便利だ。

2010年4月	・エイベックス・グループ・ホールディングス（株）（現：エイベックス（株），現：提出会社）の会社分割により，エイベックス・ミュージック・パブリッシング（株）（現：連結子会社）を設立
2011年10月	・エイベックス・エンタテインメント（株）（現：エイベックス・デジタル（株），現：連結子会社）がエイベックス・クラシックス・インターナショナル（株）（現：連結子会社）を設立
2014年1月	・Avex International Holdings SingaporePte.Ltd.（2015年9月，Avex AsiaPte.Ltdに商号変更，現：連結子会社）を直接子会社化 Avex International Holdings SingaporePte.Ltd.（現：Avex AsiaPte.Ltd，現：連結子会社）がAvex TaiwanInc.及びAvex ShanghaiCo.,Ltd.を子会社化
4月	・エイベックス・エンタテインメント（株）（現：エイベックス・デジタル（株），現：連結子会社）及びエイベックス・マーケティング（株）（現：エイベックス・エンタテインメント（株），現：連結子会社）の会社分割により，エイベックス・ピクチャーズ（株）（現：連結子会社）を設立
9月	・本社ビル建替えに伴い，本社を東京都港区六本木一丁目に移転
2015年3月	・エイベックス・ピクチャーズ（株）と（株）講談社，（株）集英社及び（株）小学館の3社が（株）アニメタイムズ社（現：連結子会社）を設立
2017年4月	・エイベックス・ミュージック・クリエイティブ（株）（存続会社，1997年10月設立）とエイベックス・ライヴ・クリエイティブ（株）（消滅会社，1990年11月設立）が合併し，エイベックス・エンタテインメント（株）（現：連結子会社）に商号変更エイベックス・AY・ファクトリー（同）（現：連結子会社）を設立
7月	・エイベックス・ピクチャーズ（株）が（株）イクストル（2019年6月，（株）aNCHORに商号変更，現：連結子会社）を子会社化
11月	・エイベックス・グループ・ホールディングス（株）がエイベックス（株）に商号変更し，現在地（東京都港区南青山三丁目）に本社を移転
2018年1月	・Avex China Inc.（現：連結子会社）を設立
2月	・Avex Hong KongLtd.（現：連結子会社）を設立
5月	・（株）イクストル（現：（株）aNCHOR，現：連結子会社）が（株）THINKRを子会社化
7月	・（株）TWH（現：連結子会社）を子会社化
12月	・Avex USAInc.（現：連結子会社）を設立
5月	・エイベックス・テクノロジーズ（株）（現：連結子会社）を設立
11月	・エイベックス・テクノロジーズ（株）が（株）fuzz（現：連結子会社）を子会社化 ・エイベックス・テクノロジーズ（株）が（株）AniCast RM（2023年1月，（株）RiBLAに商号変更，現：連結子会社）を設立 （株）LIVESTAR（現：連結子会社）を子会社化
2020年2月	・コエステ（株）（現：連結子会社）を設立

	7月	・エイベックス（株）（現：提出会社）の会社分割により，エイベックス・ビジネス・ディベロップメント（株）（現：連結子会社）を設立 ・エイベックス・クリエイティヴ・ファクトリー（株）（現：連結子会社）を設立
2021年8月		・エイベックス・ビジネス・ディベロップメント（株）（2022年7月，エイベックス・クリエイター・エージェンシー（株）に商号変更，現：連結子会社）の会社分割により，バーチャル・エイベックス（株）（現：連結子会社）を設立
2022年3月		・本社を現在地（東京都港区三田一丁目）に移転
	4月	・東京証券取引所の市場区分の見直しにより市場第一部からプライム市場へ移行
	8月	・エイベックス・クリエイター・エージェンシー（株）（存続会社，2020年7月設立，現：連結子会社）と（株）TWH（消滅会社，2013年3月設立）及び（株）MAKEY（消滅会社，2014年8月設立）が合併

3 事業の内容

　当社グループは，当社及び連結子会社25社並びに持分法適用関連会社6社の合計32社により構成されており，音楽事業，アニメ・映像事業，デジタル事業及び海外事業を主として営んでおります。各事業における主な事業内容，主要な連結子会社及び当該事業における位置付けは，以下のとおりであります。なお，以下に示す事業区分は，セグメントと同一の区分であります。また，当連結会計年度より，報告セグメントの区分を変更しております。詳細については，「第5　経理の状況　1　連結財務諸表等　（1）連結財務諸表　注記事項（セグメント情報等）」をご参照ください。

　なお，当社は特定上場会社等に該当し，インサイダー取引規制の重要事実の軽微基準のうち，上場会社の規模との対比で定められる数値基準については連結ベースの計数に基づいて判断することとなります。

(point) 事業の内容

　会社の事業がどのようにセグメント分けされているか，そして各セグメントではどのようなビジネスを行っているかなどの説明がある。また最後に事業の系統図が載せてあり，本社，取引先，国内外子会社の製品・サービスや部品の流れが分かる。ただセグメントが多いコングロマリットをすぐに理解するのは簡単ではない。

事業区分	主な事業内容	主要な連結子会社
音楽事業	音楽コンテンツの企画・制作・販売、音楽配信、音楽出版、アーティスト・タレント・クリエイターのマネジメント、マーチャンダイジング、コンサート・イベントの企画・制作・運営・チケット販売及びECサイトの企画・開発・運営	エイベックス・エンタテインメント㈱ エイベックス・マネジメント㈱ エイベックス・ミュージック・パブリッシング㈱ エイベックス・クリエイター・エージェンシー㈱ エイベックス・クリエイティヴ・ファクトリー㈱ エイベックス・AY・ファクトリー(同) ㈱LIVESTAR エイベックス・クラシックス・インターナショナル㈱ エイベックス・アスナロ・カンパニー㈱ バーチャル・エイベックス㈱
アニメ・映像事業	アニメ・映像コンテンツの企画・制作・販売及び映画配給	エイベックス・ピクチャーズ㈱ ㈱アニメタイムズ社 FLAGSHIP LINE㈱ ㈱aNCHOR
デジタル事業	ファンクラブ運営及びデジタルコンテンツの企画・制作・販売・配信	エイベックス・デジタル㈱ エイベックス・テクノロジーズ㈱ ㈱fuzz ㈱RiBLA
海外事業	エンタテインメントコンテンツの企画・制作・流通	Avex Asia Pte.Ltd. Avex China Inc. Avex Hong Kong Ltd. Avex USA Inc. Avex Taiwan Inc.
その他	音声合成コンテンツの企画・制作・開発・流通	コエステ㈱

また，当社グループの事業系統図は，以下のとおりであります。

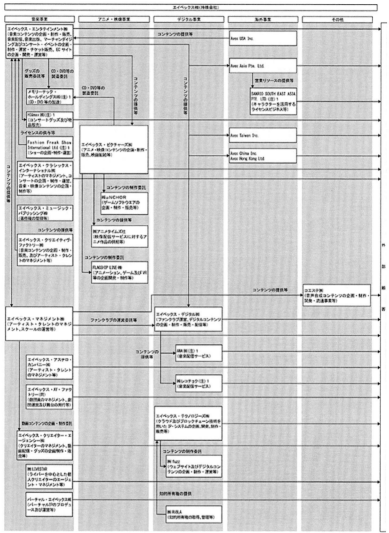

（注）1　持分法適用関連会社

(point) **関係会社の状況**

主に子会社のリストであり，事業内容や親会社との関係についての説明がされている。特に製造業の場合などは子会社の数が多く，すべてを把握することは難しいが，重要な役割を担っている子会社も多くある。有報の他の項目では一度も触れられていない場合が多いので，気になる会社については個別に調べておくことが望ましい。

2023年3月31日現在

名　　称	住　所	資本金(百万円)	主要な事業の内容(注)1	議決権の所有割合(%)(注)2	関　係　内　容	摘要
(連結子会社)						
エイベックス・エンタテインメント㈱	東京都港区	200	音楽事業	100.0	当社は経営上の各種サービスの提供をしており、その対価としてサービスフィーを収受しております。役員の兼任等・・・有	(注)5
エイベックス・ピクチャーズ㈱	東京都港区	100	アニメ・映像事業	100.0	当社は経営上の各種サービスの提供をしており、その対価としてサービスフィーを収受しております。また、当社より資金の貸付を行っております。	
エイベックス・デジタル㈱	東京都港区	100	デジタル事業	100.0	当社は経営上の各種サービスの提供をしており、その対価としてサービスフィーを収受しております。	
エイベックス・マネジメント㈱	東京都港区	80	音楽事業	100.0	当社は経営上の各種サービスの提供をしており、その対価としてサービスフィーを収受しております。役員の兼任等・・・有	
エイベックス・ミュージック・パブリッシング㈱	東京都港区	10	音楽事業	100.0	当社は経営上の各種サービスの提供をしており、その対価としてサービスフィーを収受しております。	
エイベックス・テクノロジーズ㈱	東京都港区	100	デジタル事業	100.0	当社は経営上の各種サービスの提供をしており、その対価としてサービスフィーを収受しております。また、当社より資金の貸付を行っております。	
エイベックス・クリエイター・エージェンシー㈱	東京都港区	100	音楽事業	100.0	当社は経営上の各種サービスの提供をしており、その対価としてサービスフィーを収受しております。また、当社より資金の貸付を行っております。	
エイベックス・クリエイティヴ・ファクトリー㈱	東京都港区	100	音楽事業	100.0	当社は経営上の各種サービスの提供をしており、その対価としてサービスフィーを収受しております。役員の兼任等・・・有	
コエステ㈱	東京都港区	100	その他	80.0	当社は経営上の各種サービスの提供をしており、その対価としてサービスフィーを収受しております。	
エイベックス・AY・ファクトリー(同)	東京都港区	5	音楽事業	80.8	当社は経営上の各種サービスの提供をしており、その対価としてサービスフィーを収受しております。	
㈱アニメタイムズ社	東京都港区	100	アニメ・映像事業	55.0 (55.0)	当社は経営上の各種サービスの提供をしており、その対価としてサービスフィーを収受しております。役員の兼任等・・・有	
㈱LIVESTAR	東京都渋谷区	100	音楽事業	70.6 (70.6)	当社は経営上の各種サービスの提供をしており、その対価としてサービスフィーを収受しております。	
㈱fuzz	東京都品川区	95	デジタル事業	89.9 (89.9)	当社は経営上の各種サービスの提供をしており、その対価としてサービスフィーを収受しております。	
㈱RiBLA	東京都港区	75	デジタル事業	100.0 (100.0)	当社は経営上の各種サービスの提供をしており、その対価としてサービスフィーを収受しております。	
エイベックス・クラシックス・インターナショナル㈱	東京都港区	50	音楽事業	100.0 (100.0)	当社は経営上の各種サービスの提供をしており、その対価としてサービスフィーを収受しております。	
FLAGSHIP LINE㈱	東京都港区	50	アニメ・映像事業	60.0 (60.0)	当社は経営上の各種サービスの提供をしており、その対価としてサービスフィーを収受しております。	
エイベックス・アスナロ・カンパニー㈱	東京都港区	50	音楽事業	100.0 (100.0)	当社は経営上の各種サービスの提供をしており、その対価としてサービスフィーを収受しております。	

名　　称	住　所	資本金 (百万円)	主要な事業の内容(注)1	議決権の所有割合 (%)(注)2	関　係　内　容	摘要
㈱aNCHOR	東京都 世田谷区	30	アニメ・映像事業	100.0 (100.0)	当社は経営上の各種サービスの提供をしており、その対価としてサービスフィーを収受しております。また、当社より資金の貸付を行っております。	
㈱THINKR	東京都 目黒区	30	音楽事業	79.0 (79.0)	当社は経営上の各種サービスの提供をしており、その対価としてサービスフィーを収受しております。また、当社より資金の貸付を行っております。	
バーチャル・エイベックス㈱	東京都 港区	25	音楽事業	90.0 (90.0)	当社は経営上の各種サービスの提供をしており、その対価としてサービスフィーを収受しております。また、当社より資金の貸付を行っております。	
Avex Asia Pte.Ltd.	シンガポール	千シンガポールドル 2,671	海外事業	100.0	Avex Taiwan Inc.の管理・統括をしております。当社は経営上の各種サービスの提供をしており、その対価としてサービスフィーを収受しております。役員の兼任等・・・有	
Avex China Inc.	中国 北京	100	海外事業	100.0	当社は経営上の各種サービスの提供をしており、その対価としてサービスフィーを収受しております。	
Avex Hong Kong Ltd.	中国 香港	千香港ドル 10,000	海外事業	100.0	当社は経営上の各種サービスの提供をしており、その対価としてサービスフィーを収受しております。	
Avex USA Inc.	米国 カリフォルニア州	千米ドル 3,345	海外事業	100.0	当社は経営上の各種サービスの提供をしており、その対価としてサービスフィーを収受しております。また、当社より資金の貸付を行っております。	
Avex Taiwan Inc.	台湾 台北	千台湾ドル 215,000	海外事業	100.0 (100.0)	当社は経営上の各種サービスの提供をしており、その対価としてサービスフィーを収受しております。役員の兼任等・・・有	(注)3
(持分法適用関連会社) メモリーテック・ホールディングス㈱	東京都 港区	1,877	音楽事業	23.0	－	
㈱レコチョク	東京都 渋谷区	170	デジタル事業	20.0 (20.0)	役員の兼任等・・・有	
AWA㈱	東京都 港区	100	デジタル事業	48.5 (48.5)	役員の兼任等・・・有	(注)4
HI&max㈱	東京都 港区	50	音楽事業	50.0 (50.0)	－	
SANRIO SOUTH EAST ASIA PTE.LTD.	シンガポール	千米ドル 2,000	海外事業	30.0 (30.0)	－	
Fashion Freak Show International Ltd.	英国 ロンドン	ポンド 125	音楽事業	60.0 (60.0)	－	

(注)1　「主要な事業の内容」欄には，セグメント情報に記載された名称を記載しております。

　　 2　「議決権の所有割合」欄の（内書）は，間接所有割合であります。

　　 3　特定子会社であります。

　　 4　債務超過会社であり，2023年3月末時点で債務超過額は6,133百万円であります。

　　 5　売上高（連結会社相互間の内部売上高を除く）の連結売上高に占める割合が10％を超えております。

主要な損益情報等は，以下のとおりであります。

（単位：百万円）

	エイベックス・ エンタテインメント㈱
① 売上高	75,702
② 経常利益	2,310
③ 当期純利益	1,426
④ 純資産額	7,001
⑤ 総資産額	42,227

5 従業員の状況

（1） 連結会社の状況 ･･･

2023年3月31日現在

セグメントの名称	従業員数(名)
音楽事業	1,034 (267)
アニメ・映像事業	138 (62)
デジタル事業	138 (82)
海外事業	70 (2)
その他	3 (6)
全社(共通)	131 (198)
合計	1,514 (617)

(注) 1 従業員数は，就業人員数であります。

2 「従業員数」欄の (外書) は，臨時従業員の年間平均雇用人員数であります。

(point) 従業員の状況

主力セグメントや，これまで会社を支えてきたセグメントの人数が多い傾向があるの
は当然のことだろう。上場している大企業であれば平均年齢は40歳前後だ。また労
働組合の状況にページが割かれている場合がある。その情報を載せている背景として，
労働組合の力が強く，人数を削減しにくい企業体質だということを意味している。

(2) 提出会社の状況

2023年3月31日現在

従業員数(名)	平均年齢(歳)	平均勤続年数(年)	平均年間給与(千円)
131 (198)	41.4	11.5	8,244

セグメントの名称	従業員数(名)
全社(共通)	131 (198)
合計	131 (198)

(注) 1　従業員数は，就業人員数であります。

　　 2　平均年間給与は，賞与及び基準外賃金を含んでおります。

　　 3　「従業員数」欄の(外書)は，臨時従業員の年間平均雇用人員数であります。

(3) 労働組合の状況

労働組合は結成されておりませんが，労使関係は円満に推移しております。

(point) **業績等の概要**

　この項目では今期の売上や営業利益などの業績がどうだったのか，収益が伸びたあるいは減少した理由は何か，そして伸ばすためにどんなことを行ったかということがセグメントごとに分かる。現在，会社がどのようなビジネスを行っているのか最も分かりやすい箇所だと言える。

1　経営方針，経営環境及び対処すべき課題等

　文中の将来に関する事項は，当連結会計年度末現在において，当社グループ（当社及び連結子会社）が判断したものであります。

（1）　会社の経営の基本方針 ··

　当社グループは，タグラインに「 Really! Mad+Pure」を掲げており，常識にとらわれない発想で新たなチャレンジを続けるとともに，2022年5月12日に公表いたしました中期経営計画「 avex vision2027」にて企業理念「エンタテインメントの可能性に挑みつづける。人が持つ無限のクリエイティビティを信じ，多様な才能とともに世界に感動を届ける。そして，豊かな未来を創造する。」を新たに掲げ，その実現を目指してまいります。

（2）　目標とする経営指標 ··

　当社グループは，経営数値目標として，2025年3月期において営業利益60億円・ROE7%，2027年3月期において営業利益150億円・ROE15%を掲げ，その達成に向けて努めてまいります。

（3）　中長期的な会社の経営戦略 ··

　当社グループは，多様な地域・多様な分野で "愛される "IP（知的財産権）の発掘・育成を重点戦略として，音楽，アニメ・映像，デジタルを中心とした各事業領域での事業強化を図るとともに，事業間シナジーを促進するための全社最適を徹底し，IPの発掘・育成，多くの手段を用いたマネタイズに積極的に取り組むことで，事業拡大と企業価値向上を実現してまいります。

（4）　会社の対処すべき課題 ··

　当社グループは，今後も更なる業績の向上と持続的な企業価値創出のために，企業理念「エンタテインメントの可能性に挑み続ける。」の下，今後の経済活動の拡大や事業環境の変化を捉え，更なる業績の向上と持続的な企業価値向上のため

に，以下の7項目を重点課題として取り組んでまいります。

① **ヒットコンテンツの創出**

　当社グループは，コンテンツホルダーとしてヒットコンテンツを創出することが最大の命題であると認識しております。アーティスト・タレント・クリエイター等の発掘・育成・マネジメントの一貫した体制を構築するとともに，時代や技術の進歩とともに多様化するクリエイティヴのトレンドを捉え，グローバルな展開を視野に入れて新たなIPの創出に向けた成長投資を継続し，連続性のあるヒットコンテンツの創出を実現してまいります。

② **デジタル・ネットワークの構築による収益の最大化**

　当社グループは，テクノロジーの進化に伴い事業環境の変化が進む中，強みとするエンタテインメントにおける360度ビジネスを，よりユーザーフレンドリーに展開することが重要であると認識しております。ファンクラブ・音楽ストリーミング等といったデジタルサービスを通じたお客様への価値提供の機会を拡大するとともに，ECサイト，チケット販売ソリューションの更なる充実により，お客様の生活環境の変化に適応し，満足度向上・収益の最大化を目指してまいります。

③ **グローバル展開の促進**

　当社グループは，更なる市場機会の獲得のために，日本のみならず海外においてもビジネスの可能性を追求することが重要であると認識しております。海外の有望な企業との連携により，アーティスト・タレント・クリエイター，音楽・映像コンテンツに加え，ライヴ・イベント等の多様なIPをアジア・中東をはじめ世界中のエンタテインメント市場に積極的に展開するとともに，アメリカに設立した音楽スタジオを拠点に，有望な海外のクリエイター陣がグローバル基準の楽曲制作に取り組むことで，世界的に支持されるIPを創造することを目指してまいります。

④ **人材育成の強化**

　当社グループは，事業環境の変化と業容拡大に対応し更なる成長を実現するために，人材育成の強化が必要であると認識しております。年齢・性別・国籍等に関係なく，人材の多様性を尊重し，活力ある人材を積極登用すること，テレワーク・フリーアドレス・フレックスを組み合わせたスマートワークの推進，新たな

契約形態や報酬制度の導入等により，従業員一人ひとりが意欲と活力を持って働く企業を目指してまいります。

⑤　企業風土の醸成

　　当社グループは，企業理念「エンタテインメントの可能性に挑みつづける。」や，タグライン「Really! Mad+Pure」の下，経営陣と従業員が同じ価値観を共有すべく，社内コミュニケーションを強化するとともに，コンプライアンスポリシーを経営陣，従業員及び契約アーティスト・タレント・クリエイターにとっての全ての行動・判断の基準と捉え事業活動を行うことで，お客様への提供価値の向上に努めてまいります。

⑥　ガバナンス体制の強化

　　当社グループの機関設計は，監査等委員会設置会社としております。これにより，監督機能と業務執行を分離することで，的確な経営の意思決定，迅速かつ適正な業務執行及び充分なモニタリングが機能する経営体制を構築し，あわせて企業倫理の維持・向上を図っていくことをコーポレート・ガバナンスの基本的な考え方としております。今後も当社グループを取り巻く環境の変化に応じながら業績の向上に努めるとともに，コーポレート・ガバナンスの更なる強化を図ってまいります。

⑦　サステナビリティ経営の推進

　　当社グループは，エンタテインメント企業として「サステナブル（持続可能）な社会」の実現に向けて責任を果たすべく，当社が優先して取り組むべき３つの主要テーマと７つの個別項目からなるマテリアリティ（重要課題）を特定し，サステナビリティポリシーとアクションプランを策定しました。

　　あらゆる人がエンタテインメントを楽しめるユニバーサルな環境づくりや環境負荷を考慮し，デジタルを活用したファンコミュニティの形成とチケットの電子化，イベントで排出される廃棄物の分類やリサイクルを行う次世代型スマートライヴの開発・推進及び社会に影響力のあるアーティスト・タレントとの協同による社会課題の解決に向けた啓蒙活動といった取り組みを推進してまいります。

　当社グループのサステナビリティに関する考え方及び取組は，以下のとおりであります。

　なお，文中の将来に関する事項は，当連結会計年度末現在において当社グループが判断したものであります。

　当社グループは，これまでもエンタテインメントを提供する事業を通じて，様々なサステナビリティ活動を展開してまいりました。当社の企業理念である「エンタテインメントの可能性に挑みつづける。人が持つ無限のクリエイティビティを信じ，多様な才能とともに世界に感動を届ける。そして，豊かな未来を創造する。」を踏まえ，サステナビリティポリシーを2022年11月10日に公表いたしました。

　サステナビリティ推進を目的とした専門部署の設立をはじめ，エンタテインメント企業の強みを生かした「サステナブルな社会」の実現に向けた普及・啓発，次世代との協業と社会経験の提供，地域・コミュニティとのパートナーシップ強化，次世代型スマートライヴの推進などを通じて，サステナブルな社会の実現を目指します。

(1) ガバナンス

　当社グループは，今後の気候変動を含むサステナビリティに関する方針や意思決定の迅速化と監督機能の強化を図るため，組織体制の見直しを含むガバナンスの在り方についても継続的に検討してまいります。

　原則として月1回開催しております取締役会では，重要な経営の意思決定・業務執行の監督等を行っております。気候変動に関わるリスクと機会への対応については，2022年7月1日に設立した専門部署「サステナビリティ推進室」にて関連する部署と情報を共有しながら対応し，重要な報告事項が発生した場合，取締役会へ報告し，モニタリングを実施いたします。

(2) 戦略

① 気候変動に関する事項

　当社グループは，2017年6月に気候変動関連財務情報開示タスクフォース（TCFD）が公表している最終報告書において，2℃以下シナリオを含む複数の温

(point) **生産及び販売の状況**

　生産高よりも販売高の金額の方が大きい場合は，作った分よりも売れていることを意味するので，景気が良い，あるいは会社のビジネスがうまくいっていると言えるケースが多い。逆に販売額の方が小さい場合は製品が売れなく，在庫が増えて景気が悪くなっていると言える場合がある。

度帯のシナリオを選択・設定する必要があると提言していることから，気候変動に関する政府間パネル（IPCC）が発表した世界平均気温の変化の状況を確認し，気候変動がもたらすリスク・機会について，移行面で影響が顕在化する1.5℃シナリオと物理面での影響が顕在化する4℃シナリオの2つのシナリオを選択いたしました。

（気候変動に関する主なリスクと機会）

a　移行リスク・機会：脱炭素シナリオ（1.5℃）

　　移行リスク・機会については，1.5℃目標達成に向けて，様々な規制などが導入される脱炭素シナリオに基づいて検討いたしました。1.5℃以下シナリオにおいては，政府の環境規制強化に伴う炭素税導入や，再生可能エネルギー需要の増加による価格上昇など費用の増加，電力消費量を削減するための設備投資の増加が想定されます。また，環境問題をはじめとしたサステナビリティ意識の高まりもあり，CD・DVDやグッズの簡易的な包装及びチケットレス等のデジタルを活用したスマートライヴなどの取り組みを行い，今後も環境の持続可能性に配慮した活動を推進してまいります。

 対処すべき課題

　　有報のなかで最も重要であり注目すべき項目。今，事業のなかで何かしら問題があればそれに対してどんな対策があるのか，上手くいっている部分をどう伸ばしていくのかなどの重要なヒントを得ることができる。また今後の成長に向けた技術開発の方向性や，新規事業の戦略についての理解を深めることができる。

気候変動リスク/機会の項目		世の中の変化	想定されるシナリオ	リスク	機会	発生時期
移行リスク・機会	政策/規制	炭素税の上昇	炭素税の導入による、容器・包材等コスト増加	△	–	中・長期
		各国のCO2排出量削減の政策強化	電力制限により、イベント・ライヴ会場での機材使用規制	○	–	中・長期
	市場・技術	低炭素(省エネ)、脱炭素、再生可能エネルギーへの移行が急進	CD・DVDやグッズに使用する素材に規制	△	–	中・長期
			チケットレス等のデジタルを活用したスマートライヴ推進による費用の減少	–	△	中・長期
		調達コストの増加	炭素税や環境規制対応によって、紙資源など原材料への価格転嫁が進み生産・調達コストが増加	○	–	中・長期
		業界全体の環境対応要請の強化	CD・DVD等のデジタル化又は簡易包装などの需要の増加による費用の減少	–	○	中・長期
	評判	消費者の行動変化	サステナビリティ意識の高まりによるCD・DVD等の収入が減少する一方、デジタルコンテンツニーズの増加による収入の増加	○	○	中・長期
		投資家の評判変化	気候変動をはじめとする環境への取組みの遅れによる投資家からの企業評価や信頼度の低下	△	–	中・長期

(△:影響がある，○:高い，◎:非常に高い)

b　物理的リスク・機会：温暖化進行シナリオ（4℃）

　　物理的リスク・機会では，異常気象による自然災害の発生に伴う，事業活動の停止やサプライチェーンの断絶が大きなリスクとなります。自然災害は発生の予測が難しく，一度発生すれば甚大な被害をもたらします。現在においても，温暖化の進行により，災害をもたらす大雨などの極端な気象現象の発生が増加しておりますが，温暖化進行シナリオでは，この傾向はさらに強まることが想定されます。当社グループでは，商品の簡易的な包装やスマートライヴ等のデジタル化による環境の持続可能性に配慮した取り組みに加えて，全従業員が時間や場所にとらわれず，自律的に行動する働き方として，フリーアドレス・フレックスタイム・フリーロケーションを導入し「スマートワークができるハイブリッド勤務制度」を実施し，オフィスを効率化することでCO2排出量を削減

(point) **事業等のリスク**

「対処すべき課題」の次に重要な項目。新規参入により長期的に価格競争が激しくなり企業の体力が奪われるようなことがあるため，その事業がどの程度参入障壁が高く安定したビジネスなのかなど考えるきっかけになる。また，規制や法律，訴訟なども企業によっては大きな問題になる可能性があるため，注意深く読む必要がある。

しております。

気候変動リスク/ 機会の項目		世の中の変化	想定されるシナリオ	リスク	機会	発生時期
物理的なリスク・機会	慢性	平均気温の上昇	地球温暖化によりイベント・ライヴ会場の熱中症リスク 空調にかかわる費用の増加	○	－	長期
		降水・気象パターンの変化	主要事業所・拠点において、災害対策に関する設備投資コストの発生	◎	－	長期
	急性	異常気象の激甚化	生産・調達における操業停止・サプライチェーンの断絶が発生	◎	－	長期
			野外の会場でイベント・ライヴ開催が困難になり、それに伴う販売収益の減少	◎	－	長期

（△：影響がある，○：高い，◎：非常に高い）

② 人的資本に関する事項

当社グループでは，エンタテインメントの源泉は「人」であると考えております。エンタテインメントを創り出すアーティスト・タレント・クリエイター，そして，その可能性を引き出し最大化させる当社グループと，そこで働く従業員に共通しているのは「人」です。年齢・性別・国籍等に関係なく，人材の多様性を尊重し，活力ある人材を積極登用することによる次世代の経営層の育成，時間や場所に捕らわれないテレワーク・フリーアドレス・フレックスの活用による柔軟な働き方の推進，新たな契約形態や報酬制度により，従業員一人ひとりが意欲と活力を持って働ける環境の整備・構築に継続して取り組んでおります。

今後は，事業環境の変化と業容拡大に対応するとともに，競争力を向上させ更なる成長を実現するために，当社グループが展開する様々な事業や職種の特性を踏まえた新たな人事制度を構築するとともに，事業環境の変化が速まる中で従業員一人ひとりが活躍できるよう，異動・配置の検討，キャリア開発の支援及び専門性を高める教育研修についても重要課題と捉え，施策立案・制度構築に努めてまいります。

(3) リスク管理 ………………………………………………………………

当社グループでは，リスク管理について「リスク管理規程」に基づき，各部門

---

point 財政状態，経営成績及びキャッシュ・フローの状況の分析

「事業等の概要」の内容などをこの項目で詳しく説明している場合があるため，この項目も非常に重要。自社が事業を行っている市場は今後も成長するのか，それは世界のどの地域なのか，今社会の流れはどうなっていて，それに対して売上を伸ばすために何をしているのか，収益を左右する費用はなにか，などとても有益な情報が多い。

がリスクに対応する取り組みを実施しております。気候変動関連のリスクに関しては，サステナビリティ推進室と関連する部署で情報を共有しながら管理を行い，重要なリスクについては定期的に取締役会に報告いたします。

（4）　指標及び目標 ……………………………………………………………

①　気候変動に関する事項

　　当社グループは，気候変動が社会の緊急課題であると認識し，省エネルギー化に取り組んでおります。2022年度の電力消費による間接 CO_2 排出量は754t-CO_2 となり，本社ビルの移転等に伴い2018年度より64％削減しております。このたび，持続可能な社会の実現に向けて，日本政府の表明している CO_2 排出削減目標を考慮し，CO_2 排出量を2050年までに実質零と目標設定いたしました。

　　CO_2 排出量の削減にあたっては，オフィス内における省エネ，節電を心掛けるとともに，化石燃料を用いない再生可能エネルギーの導入や一般財団法人日本品質保証機構が認証するグリーンエネルギー等を積極的に活用し脱炭素社会の実現を目指してまいります。

当社グループCO_2排出量の推移（t-CO_2）

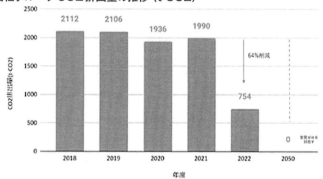

（過去5年間のCO_2排出量）

　　オフィスでは省エネ・節電に継続して取り組むとともに，ハイブリッド勤務制度により効率的なエネルギー使用の形を目指しております。2022年度は，これら省エネ・節電の実施に加え，エネルギー利用の視点からオフィス配置をワンフ

ロアにする等を行うことで，今後もエネルギー使用量の削減に努めてまいります。

	2018年度	2019年度	2020年度	2021年度	2022年度
CO2排出量（t-CO2）	2,112	2,106	1,936	1,990	754

(注) 1　本社ビル及び当社グループ所有のスタジオを対象としております。
　　 2　2022年3月1日より南青山エイベックスビルから住友不動産麻布十番ビルへ本社を移転しております。

②　人的資本に関する事項

当社グループにおける人的資本に関する指標及び目標については，以下のとおりであります。

a　多様性

当社グループは，活力ある人材を積極登用した次世代の経営層の育成を目指し，若手や女性の役員登用をグループ各社にて積極的に行ってまいります。当社グループにおける取締役についても，2024年度に女性取締役を1名以上置くことを目指しております。

女性活躍の観点においては，2022年4月に女性の個性と能力が発揮できるようにするための行動計画を策定・公表しており，2027年3月末までに管理職に占める女性割合を20％まで向上させること（実績：14％），育児休業からの復職率及び復職後3年就業継続率を引き続き90％以上とすること（実績：92％）を目指しております。

b　エンゲージメント

当社グループは，企業理念「エンタテインメントの可能性に挑みつづける。人が持つ無限のクリエイティビティを信じ，多様な才能とともに世界に感動を届ける。そして，豊かな未来を創造する。」や，タグライン「Really! Mad+Pure」の体現においては，従業員エンゲージメントも重要な指標と捉えており，2027年3月末までに従業員エンゲージメントスコアを3％向上させること（過去3年実績平均：53％）を目指しております。

　有価証券報告書に記載した事業の状況，経理の状況等に関する事項のうち，投資者の判断に重要な影響を及ぼす可能性のある事項には，以下のようなものがあります。なお，文中の将来に関する事項は，当連結会計年度末現在において，当社グループ（当社及び連結子会社）が判断したものであります。

① 　災害の発生及び感染症の流行について ･････････････････････････････････

　当社グループは，アーティスト・タレント・クリエイター及び従業員がエンタテインメントを提供するために全国各地で活動しております。そのため，地震，津波，台風，洪水等の自然災害及び新型コロナウイルスなどの感染症が蔓延しますと，大型ライヴ・イベント及びコンテンツ制作活動等の休止により，当社グループの業績に影響を及ぼす可能性があります。

② 　主要作品及びアーティスト・タレントの動向について ･････････････････

　当社グループは，コンテンツホルダーとして自社が保有する権利や，アーティストや他社取引先との協業により得られる権利を様々な事業へ活用しております。そのため，ヒットアーティストやヒットコンテンツの有無，主要アーティスト・タレントの人気，新人アーティスト・タレントの成長が，当社グループの業績に影響を及ぼす可能性があります。

③ 　海外市場への事業展開について ･････････････････････････････････････

　当社グループの海外事業は，今後大きく市場の成長が期待されているアジアをはじめ世界中に展開しております。そのため諸外国において，政治的・経済的要因，法律・規則要因，不利な租税要因及びテロ・戦争等による社会的混乱等，予期し得ない事由が発生した場合には，当社グループの海外展開及び業績に影響を及ぼす可能性があります。

④ 　技術革新への対応について ･･･

　当社グループは，テクノロジーを活かした新たなビジネスの可能性を追求して

(point) **設備投資等の概要**

　　セグメントごとの設備投資額を公開している。多くの企業にとって設備投資は競争力
　　向上・維持のために必要不可欠だ。企業は売上の数%など一定の水準を設定して毎年
　　設備への投資を行う。半導体などのテクノロジー関連企業は装置産業であり，技術発
　　展のスピードが速いため，常に多額の設備投資を行う宿命にある。

おりますが，その遂行過程において，技術革新や競合の出現等による事業環境の急激な変化や，事後的に顕在化する予測困難な問題等によりリスクが発生する可能性は否定できず，当社グループの業績に影響を及ぼす可能性があります。

⑤ **システムリスクについて** ……………………………………………

　当社グループは，当社グループのサービスの提供や当社グループ内の業務等においてシステムを使用した様々なサービスを利用しております。そのためサイバー攻撃，不正アクセス，自然災害，一時的なアクセス過多によるサーバー等への過負荷などを原因とする，重要データの消失，漏洩，改変，システムダウン等へ対応できるよう様々なセキュリティ対策，バックアップ環境構築等の対策を行っております。しかしながら，近年のサイバー攻撃の手口の巧妙化により，情報の消失，改変，漏洩などの対策において，それらの攻撃を完全に阻止できる保証はなく，復旧までのサービス停止やセキュリティ対策コストの増加等により，当社グループの事業活動及び業績に影響を及ぼす可能性があります。

⑥ **減損損失について** ……………………………………………………

　当社グループが保有している資産の時価が著しく下落した場合や事業の収益性が悪化した場合には，減損会計の適用により固定資産について減損損失が発生し，当社グループの業績及び財政状態に影響を及ぼす可能性があります。

⑦ **個人情報管理について** ………………………………………………

　当社グループは，顧客情報などの個人情報を保有しております。そのため，個人情報保護規程の制定や社員に対する情報セキュリティ研修の実施等により，個人情報保護に努めております。しかしながら，万が一，個人情報の漏洩が発生した場合には損害賠償や信用下落により当社グループの事業及び業績に影響を及ぼす可能性があります。

⑧ **法的規制及び法令遵守について** ……………………………………
　当社グループは，「著作権法」「特許法」「商標法」「特定商取引法」「不当景品

(point) **主要な設備の状況**

　「設備投資等の概要」では各セグメントの1年間の設備投資金額のみの掲載だが，ここではより詳細に，現在セグメント別，または各子会社が保有している土地，建物，機械装置の金額が合計でどれくらいなのか知ることができる。

類及び不当表示防止法」「個人情報の保護に関する法律」「金融商品取引法」「会社法」「下請法」「労働基準法」をはじめ様々な関連法令等の法的規制を受けており，各種法的規制を遵守するため，社内規程の整備やコンプライアンス体制の強化に取り組んでおります。しかしながら，将来における関連法令等の改正や変更は，事業活動に対する制約や法的規制を遵守するための費用の増加に繋がり，当社グループの事業及び業績に影響を及ぼす可能性があります。

⑨　特定経営者への依存について ·····································

　当社創業メンバーであり代表取締役会長である松浦勝人は，当社の大株主であるとともに，当社グループの経営戦略の立案・決定や，重要な取引先及び所属アーティストとの契約等において重要な役割を果たしております。何らかの理由で同氏が当社グループから離脱した場合，当社グループの事業及び業績に影響を及ぼす可能性があります。

4　経営者による財政状態，経営成績及びキャッシュ・フローの状況の分析

(1)　経営成績等の状況の概要 ·····································

　当連結会計年度における我が国経済は，新型コロナウイルス感染症の感染拡大で制限されていた経済活動が大幅に緩和され，緩やかに持ち直しの動きが見られたものの，世界的な物価上昇や為替変動等により，先行き不透明な状態が続いております。

　当社グループが属するエンタテインメント業界の環境としましては，音楽ビデオを含む音楽ソフトの生産金額が前年同期比4.5％増の2,023億49百万円（2022年1月～12月。一般社団法人日本レコード協会調べ），有料音楽配信売上金額が前年同期比17.3％増の1,050億18百万円（2022年1月～12月。一般社団法人日本レコード協会調べ）となりました。映像関連市場につきましては，映像ソフトの売上金額が前年同期比16.1％減の1,148億19百万円（2022年1月～12月。一般社団法人日本映像ソフト協会調べ）となったものの，映像配信市場規模は前年同期比7.1％増の4,530億円（2022年1月～12月。一般財団法人デジタルコンテンツ協会調べ）となり，今後も拡大することが予想されます。また，ライヴ

(point) **設備の新設，除却等の計画**

　ここでは今後，会社がどの程度の設備投資を計画しているか知ることができる。毎期どれくらいの設備投資を行っているか確認すると，技術等での競争力維持に積極的な姿勢かどうか，どのセグメントを重要視しているか分かる。また景気が悪化したときは設備投資額を減らす傾向にある。

市場につきましては，総公演数が前年同期比22.6％増の32,338公演となり，総売上高は前年同期比160.3％増の3,984億32百万円（2022年1月～12月。一般社団法人コンサートプロモーターズ協会調べ）となりました。

このような事業環境の下，当社は企業の活動目的と社会的な存在意義の明確化を目的とし新たな企業理念を「エンタテインメントの可能性に挑みつづける。」と定義し，この企業理念に基づく中期経営計画「avexvision2027」を2022年5月に策定し公表いたしました。中期経営計画では「多様な地域・多様な分野で"愛される"IPの発掘・育成を目指す」を重点戦略として掲げ，各事業領域において新たなIPの発掘・育成や開発・獲得に向けた投資を強化してまいりました。また，当連結会計年度においては新型コロナウイルス感染症の感染拡大に伴う行動制限が緩和されたことにより，大型ライヴの公演増加や映画作品の好調な推移，海外での大型イベント開催など，コロナ前の水準までは戻っていないものの回復傾向で推移いたしました。

以上の結果，売上高は1,215億61百万円（前年度比23.5％増），営業利益は33億85百万円（前年度比31.1％増）となり，親会社株主に帰属する当期純利益は，特別利益として投資有価証券売却益等を計上したことにより27億42百万円（前年度比198.2％増）となりました。

セグメントの経営成績は，以下のとおりであります。

なお，当連結会計年度より，報告セグメントとして記載する事業セグメントを変更しており，当連結会計年度の比較・分析は，変更後の区分に基づいております。

(point) **株式の総数等**

発行可能株式総数とは，会社が発行することができる株式の総数のことを指す。役員会では，株主総会の了承を得ないで，必要に応じてその株数まで，株を発行することができる。敵対的TOBでは，経営陣が，自社をサポートしてくれる側に，新株を第三者割り当てで発行して，買収を防止することがある。

① 音楽事業 　　　　　　　　　　　　　　　（単位：百万円）

	2022年3月期	2023年3月期	増減
売上高	76,529	94,139	17,610
売上原価	48,488	64,332	15,843
売上総利益	28,040	29,807	1,767
売上総利益率	36.6%	31.7%	△4.9%
販売費及び一般管理費	24,091	27,007	2,916
営業利益	3,949	2,800	△1,148
営業利益率	5.2%	3.0%	△2.2%
外部顧客に対する売上高	71,949	90,067	18,118

　ライヴの売上が増加したものの，売上原価及び販売費及び一般管理費の増加等により，売上高は941億39百万円（前年度比23.0％増），営業利益は28億円（前年度比29.1％減）となりました。

② アニメ・映像事業 　　　　　　　　　　　（単位：百万円）

	2022年3月期	2023年3月期	増減
売上高	11,038	15,253	4,215
売上原価	7,322	11,296	3,974
売上総利益	3,716	3,957	240
売上総利益率	33.7%	25.9%	△7.8%
販売費及び一般管理費	3,024	3,347	322
営業利益	691	609	△81
営業利益率	6.3%	4.0%	△2.3%
外部顧客に対する売上高	10,071	14,065	3,994

　映画作品等のノンパッケージの売上が増加したものの，売上原価の増加等により，売上高は152億53百万円（前年度比38.2％増），営業利益は6億9百万円（前年度比11.9％減）となりました。

(point) 連結財務諸表等

　ここでは主に財務諸表の作成方法についての説明が書かれている。企業は大蔵省が定めた規則に従って財務諸表を作るよう義務付けられている。また金融商品法に従い，作成した財務諸表がどの監査法人によって監査を受けているかも明記されている。

③ **デジタル・プラットフォーム事業** （単位：百万円）

	2022年3月期	2023年3月期	増減
売上高	13,682	12,379	△1,302
売上原価	10,885	9,374	△1,511
売上総利益	2,796	3,004	208
売上総利益率	20.4%	24.3%	3.9%
販売費及び一般管理費	4,437	3,550	△886
営業損失（△）	△1,640	△546	1,094
営業利益率	－	－	
外部顧客に対する売上高	13,303	11,983	△1,320

　映像配信の売上が減少したものの，販売費及び一般管理費の減少等により，売上高は123億79百万円（前年度比9.5%減），営業損失は5億46百万円（前年度は営業損失16億40百万円）となりました。

④ **海外事業** （単位：百万円）

	2022年3月期	2023年3月期	増減
売上高	3,029	5,199	2,169
売上原価	1,960	2,626	665
売上総利益	1,069	2,573	1,503
売上総利益率	35.3%	49.5%	14.2%
販売費及び一般管理費	1,472	2,102	630
営業利益又は営業損失（△）	△403	470	873
営業利益率	－	9.0%	
外部顧客に対する売上高	2,976	5,199	2,222

　海外での大型イベント開催等により，売上高は51億99百万円（前年度比71.6%増），営業利益は4億70百万円（前年度は営業損失4億3百万円）となりました。

（point） **連結財務諸表**

　ここでは貸借対照表（またはバランスシート，BS），損益計算書（PL），キャッシュフロー計算書の詳細を調べることができる。あまり会計に詳しくない場合は，最低限，損益計算書の売上と営業利益を見ておけばよい。可能ならば，その数字が過去5年，10年の間にどのように変化しているか調べると会社への理解が深まるだろう。

⑤　その他

（単位：百万円）

	2022年3月期	2023年3月期	増減
売上高	1,387	821	△566
売上原価	1,181	621	△560
売上総利益	205	200	△5
売上総利益率	14.8%	24.4%	9.6%
販売費及び一般管理費	225	159	△65
営業利益又は営業損失（△）	△19	40	59
営業利益率	－	4.9%	－
外部顧客に対する売上高	136	246	109

　売上高は8億21百万円（前年度比40.8％減），営業利益は40百万円（前年度は営業損失19百万円）となりました。

（2）　生産，受注及び販売の状況 ‥‥‥‥‥‥‥‥‥‥‥‥‥‥‥‥‥‥‥

①　生産実績

　当連結会計年度における生産実績をセグメントごとに示すと，以下のとおりであります。

セグメントの名称	金額（百万円）	前期比（％）
音楽事業	15,156	△30.5
アニメ・映像事業	3,910	+10.7
海外事業	19	+95.8
合計	19,086	△24.7

（注）1　金額は，販売価格によっております。
　　　2　セグメント間取引については，相殺消去しております。

②　受注実績

　該当事項はありません。

③ 販売実績

当連結会計年度における販売実績をセグメントごとに示すと，以下のとおりであります。

セグメントの名称	金額(百万円)	前期比(%)
音楽事業	90,067	+25.2
アニメ・映像事業	14,065	+39.7
デジタル事業	11,983	△9.9
海外事業	5,199	+74.7
その他	246	+80.4
合計	121,561	+23.5

(注) 1 セグメント間取引については，相殺消去しております。

 2 主な相手先別の販売実績及び総販売実績に対する割合は，以下のとおりであります。なお，当連結会計年度の(株)NTTドコモについては，当該割合が100分の10未満のため注記を省略しております。

相手先	前連結会計年度		当連結会計年度	
	金額(百万円)	割合(%)	金額(百万円)	割合(%)
㈱NTTドコモ	11,527	11.7	－	－

(3) 経営成績の分析 ··

① 売上高

売上高は，前連結会計年度に対して231億24百万円増加し，1,215億61百万円（前年度比23.5%増）となりました。これは主に，新型コロナウイルス感染症の感染拡大に伴う行動制限が緩和されたことにより，大型ライヴ公演が増加したこと等によるものであります。

② 売上原価，販売費及び一般管理費及び営業利益

売上原価は，前連結会計年度に対して193億65百万円増加し，825億74百万円となりました。また，販売費及び一般管理費は，前連結会計年度に対して29億56百万円増加し，356億2百万円となりました。これは主に，事業活動の回復に伴う増加及び中期経営計画の達成に向けた IP創出のための投資を強化したこと等によるものであります。

この結果，営業利益は，前連結会計年度に対して8億2百万円増加し，33億85百万円（前年度比31.1%増）となりました。

③ **営業外損益及び経常利益**

　営業外収益は，前連結会計年度に対して8億35百万円増加し，9億72百万円となりました。また，営業外費用は前連結会計年度に対して66百万円減少し，3億1百万円となりました。　この結果，経常利益は，前連結会計年度に対して17億4百万円増加し，40億55百万円（前年度比72.5%増）となりました。

④ **特別損益及び税金等調整前当期純利益**

　特別利益は，前連結会計年度に対して13億39百万円増加し，16億66百万円となりました。これは主に，投資有価証券売却益等を計上したことによるものであります。また，特別損失は前連結会計年度に対して6億23百万円増加し，10億70百万円となりました。

　この結果，税金等調整前当期純利益は，前連結会計年度に対して24億20百万円増加し，46億51百万円（前年度比108.5%増）となりました。

⑤ **法人税等（法人税等調整額を含む），非支配株主に帰属する当期純利益及び親会社株主に帰属する当期純利益**

　法人税等は，前連結会計年度に対して4億78百万円増加し，16億26百万円となりました。また，非支配株主に帰属する当期純利益は，前連結会計年度に対して1億19百万円増加し，2億81百万円となりました。

　この結果，親会社株主に帰属する当期純利益は，前連結会計年度に対して18億23百万円増加し，27億42百万円（前年度比198.2%増）となりました。

(4)　財政状態の分析 ···

　当連結会計年度末における総資産は，前連結会計年度末に比べて111億13百万円増加し，1,089億15百万円となりました。これは主に，番組及び仕掛品が23億74百万円減少したものの，受取手形及び売掛金が83億51百万円，現金及び預金が34億72百万円及び未収入金が11億33百万円それぞれ増加したことによるものであります。

　負債は，前連結会計年度末に比べて129億69百万円増加し，500億76百万円となりました。これは主に，未払金が96億27百万円，流動負債の「その他」が18億64百万円及び未払法人税等が12億18百万円それぞれ増加したことによ

るものであります。

純資産は，前連結会計年度末に比べて18億55百万円減少し，588億38百万円となりました。これは主に，非支配株主持分が20億57百万円減少したことによるものであります。

(5) キャッシュ・フローの状況 ……………………………………………

当連結会計年度末における現金及び現金同等物（以下「資金」という。）は，481億43百万円（前年同期は446億71百万円）となりました。

営業活動によるキャッシュ・フローは，91億92百万円（前年同期は △44億64百万円）となりました。これは主に，売上債権の増加103億円及び投資有価証券売却益13億90百万円により資金が減少したものの，未払金の増加119億55百万円，税金等調整前当期純利益46億51百万円，減価償却費23億46百万円及び棚卸資産の減少11億81百万円により資金が増加したことによるものであります。

投資活動によるキャッシュ・フローは，△31億31百万円（前年同期は △33億87百万円）となりました。これは主に，投資有価証券の売却による収入14億98百万円により資金が増加したものの，無形固定資産の取得による支出24億52百万円及び有形固定資産の取得による支出11億31百万円により資金が減少したことによるものであります。

財務活動によるキャッシュ・フローは，△24億93百万円（前年同期は △3億14百万円）となりました。これは主に，配当金の支払額22億54百万円により資金が減少したことによるものであります。

（資本の財源及び資金の流動性についての分析）

当社グループは，運転資金及び投資等の資金需要に対して，自己資金を充当することを基本方針とし，必要に応じて主として金融機関からの借入金によって資金を確保しております。

資金の流動性の確保に関しては，安定的かつ機動的な資金調達体制を構築するため，複数の取引金融機関との間でコミットメントライン契約を締結しております。また，流動資金の効率的な運用を目的として，国内子会社（一部を除く）に

限り，CPS（キャッシュプーリングシステム）による資金貸借を行っており，資金を当社が一元管理しております。

(6) 重要な会計上の見積り及び当該見積りに用いた仮定 ⋯⋯⋯⋯⋯⋯⋯⋯⋯⋯⋯

当社グループの連結財務諸表は，わが国において一般に公正妥当と認められている会計基準に基づき作成しております。この連結財務諸表を作成するにあたって，資産，負債，収益及び費用の報告額に影響を及ぼす見積り及び仮定を用いておりますが，これらの見積り及び仮定に基づく数値は実際の結果と異なる可能性があります。

連結財務諸表の作成にあたって用いた会計上の見積り及び仮定のうち，重要なものは「第5経理の状況　1連結財務諸表等　(1)連結財務諸表　注記事項（重要な会計上の見積り）」に記載しております。

■ 設備の状況

1 設備投資等の概要

　当連結会計年度において実施しました設備投資は総額で3,267百万円であり，その主なものは，自社利用ソフトウエア開発1,819百万円等であります。

2 主要な設備の状況

（1）提出会社 ···

2023年3月31日現在

事業所名 （所在地）	セグメント の名称	設備の内容	帳簿価額（百万円）							従業員数 （名）
			建物	工具、器具 及び備品	土地 （面積㎡）	リース資産	ソフトウエア	ソフトウエア仮勘定	合計	
本社事務所 （東京都港区）	－	本社機能	612	258	－	201	－	－	1,072	131 （198）
サーバールーム （東京都文京区） （東京都中央区） （東京都江東区）他	－	サーバー・ ネットワーク機器等	－	29	－	－	711	241	982	－
厚生設備等 （長野県小諸市） （東京都町田市）他	－	保養所及び 社宅等	87	0	219 （16,626）	－	－	－	307	－
スタジオ等 （東京都港区）他	－	スタジオ等	653	22	1,235 （632）	－	－	－	1,911	－

（注）1　現在休止中の主要な設備はありません。
　　　2　「従業員数」欄の（外書）は，臨時従業員の年間平均雇用人員数であります。

(2) 国内子会社 ···

会社名	事業所名 (所在地)	セグメントの 名称	設備の内容	帳簿価額(百万円)					従業員数 (名)
				建物	工具、器具及び備品	土地 (面積㎡)	ソフトウエア	合計	
エイベックス・エンタテインメント㈱	本社事務所 (東京都港区)	音楽事業	本社機能	112	6	－	645	763	696 (134)
	prime sound studio form (東京都目黒区))	音楽事業	スタジオ	156	7	41 (198)	0	205	－
	form THE MASTER (東京都目黒区)	音楽事業	スタジオ	69	0	51 (116)	－	121	－
エイベックス・マネジメント㈱	エイベックス・アーティストアカデミー名古屋校 (愛知県名古屋市)	音楽事業	スタジオ	151	－	－	－	151	－
	エイベックス・アーティストアカデミー東京校 (東京都渋谷区)	音楽事業	スタジオ	112	4	－	－	117	－
エイベックス・デジタル㈱	本社事務所 (東京都港区)	デジタル事業	本社機能	－	－	－	286	286	93 (31)

(注) 1　現在休止中の主要な設備はありません。

　　2　「従業員数」欄の(外書)は，臨時従業員の年間平均雇用人員数であります。

(3) 在外子会社 ···

主要な設備はありません。

3　設備の新設，除却等の計画

該当事項はありません。

提出会社の状況

1 株式等の状況

(1) 株式の総数等 ···

① 株式の総数

種類	発行可能株式総数(株)
普通株式	184,631,000
合計	184,631,000

② 発行済株式

種類	事業年度末現在発行数(株)(2023年3月31日)	提出日現在発行数(株)(2023年6月27日)	上場金融商品取引所名又は登録認可金融商品取引業協会名	内容
普通株式	45,558,800	45,558,800	東京証券取引所プライム市場	単元株式数100株
合計	45,558,800	45,558,800	–	–

■ 経理の状況

1　連結財務諸表及び財務諸表の作成方法について　……………………………

（1）　当社の連結財務諸表は、「連結財務諸表の用語、様式及び作成方法に関する規則」（昭和51年大蔵省令第28号）に基づいて作成しております。

（2）　当社の財務諸表は、「財務諸表等の用語、様式及び作成方法に関する規則」（昭和38年大蔵省令第59号。以下、「財務諸表等規則」という。）に基づいて作成しております。

　　　また、当社は、特例財務諸表提出会社に該当し、財務諸表等規則第127条の規定により財務諸表を作成しております。

2　監査証明について　………………………………………………………………

　　当社は、金融商品取引法第193条の2第1項の規定に基づき、連結会計年度（2022年4月1日から2023年3月31日まで）の連結財務諸表及び事業年度（2022年4月1日から2023年3月31日まで）の財務諸表について、有限責任監査法人トーマツにより監査を受けております。

3　連結財務諸表等の適正性を確保するための特段の取組みについて　…………

　　当社は、連結財務諸表等の適正性を確保するための特段の取組みを行っております。具体的には、会計基準等の内容を適切に把握し、会計基準の変更等について的確に対応することができる体制を整備するため、公益財団法人財務会計基準機構に加入しております。また、会計基準設定主体等が行う各種研修に定期的に参加しております。

（1）　連結財務諸表】 ···

①　連結貸借対照表

（単位：百万円）

	前連結会計年度 （2022年3月31日）	当連結会計年度 （2023年3月31日）
資産の部		
流動資産		
現金及び預金	44,671	48,143
受取手形及び売掛金	※1　13,855	※1　22,206
商品及び製品	1,058	1,172
番組及び仕掛品	5,175	2,801
原材料及び貯蔵品	301	221
前渡金	1,433	1,110
前払費用	1,264	1,516
前払印税	1,298	2,020
未収入金	4,329	5,463
その他	2,110	1,909
貸倒引当金	△172	△350
流動資産合計	75,326	86,217
固定資産		
有形固定資産		
建物及び構築物（純額）	1,945	2,110
土地	1,548	1,548
その他（純額）	860	892
有形固定資産合計	※2　4,354	※2　4,551
無形固定資産	4,156	3,505
投資その他の資産		
投資有価証券	※3　8,564	※3　9,228
繰延税金資産	3,777	3,979
その他	1,813	1,486
貸倒引当金	△191	△54
投資その他の資産合計	13,964	14,640
固定資産合計	22,475	22,697
資産合計	97,801	108,915

	前連結会計年度 （2022年3月31日）	当連結会計年度 （2023年3月31日）
負債の部		
流動負債		
支払手形及び買掛金	2,556	3,434
1年内返済予定の長期借入金	7	3
未払金	16,052	25,679
未払印税	7,016	6,660
未払法人税等	264	1,482
返金負債	2,446	2,168
前受金	3,543	3,032
賞与引当金	575	884
偶発損失引当金	95	－
その他	※4 2,893	※4 4,757
流動負債合計	35,451	48,104
固定負債		
長期借入金	9	6
退職給付に係る負債	350	529
その他	1,295	1,436
固定負債合計	1,655	1,972
負債合計	37,106	50,076
純資産の部		
株主資本		
資本金	4,521	4,599
資本剰余金	5,422	5,526
利益剰余金	45,924	46,343
自己株式	△590	△590
株主資本合計	55,278	55,878
その他の包括利益累計額		
その他有価証券評価差額金	2,750	2,538
為替換算調整勘定	△160	△182
退職給付に係る調整累計額	4	△160
その他の包括利益累計額合計	2,593	2,195
非支配株主持分	2,822	764
純資産合計	60,694	58,838
負債純資産合計	97,801	108,915

② 連結損益計算書及び連結包括利益計算書

連結損益計算書

	前連結会計年度 （自 2021年4月1日 至 2022年3月31日）	当連結会計年度 （自 2022年4月1日 至 2023年3月31日）
売上高	※1 98,437	※1 121,561
売上原価	※2 63,209	※2 82,574
売上総利益	35,228	38,987
販売費及び一般管理費		
広告宣伝費	6,719	6,599
販売促進費	1,273	1,754
貸倒引当金繰入額	△38	27
従業員給料及び賞与	7,135	7,620
賞与引当金繰入額	575	900
退職給付費用	93	253
減価償却費	910	926
支払手数料	5,853	6,637
その他	10,123	10,880
販売費及び一般管理費合計	32,645	35,602
営業利益	2,582	3,385
営業外収益		
受取利息	19	18
受取配当金	16	8
投資有価証券評価益	ー	822
その他	100	122
営業外収益合計	136	972
営業外費用		
支払利息	11	9
持分法による投資損失	218	20
為替差損	8	146
暗号資産評価損	ー	70
支払手数料	18	16
投資事業組合運用損	13	ー
その他	98	38
営業外費用合計	368	301
経常利益	2,351	4,055
特別利益		
投資有価証券売却益	88	1,390
偶発損失引当金戻入額	62	50
新株予約権戻入益	114	ー
雇用調整助成金	41	ー
その他	19	225
特別利益合計	326	1,666

	前連結会計年度 （自 2021年4月1日 至 2022年3月31日）	当連結会計年度 （自 2022年4月1日 至 2023年3月31日）
特別損失		
減損損失	※3　174	※3　851
災害による損失	※4　233	－
投資有価証券評価損	10	87
その他	27	131
特別損失合計	446	1,070
税金等調整前当期純利益	2,231	4,651
法人税、住民税及び事業税	512	1,813
法人税等調整額	636	△186
法人税等合計	1,148	1,626
当期純利益	1,082	3,024
非支配株主に帰属する当期純利益	162	281
親会社株主に帰属する当期純利益	919	2,742

連結包括利益計算書

（単位：百万円）

	前連結会計年度 （自 2021年4月1日 至 2022年3月31日）	当連結会計年度 （自 2022年4月1日 至 2023年3月31日）
当期純利益	1,082	3,024
その他の包括利益		
その他有価証券評価差額金	1,612	△213
為替換算調整勘定	△41	△21
退職給付に係る調整額	△123	△152
持分法適用会社に対する持分相当額	8	△10
その他の包括利益合計	※1　1,456	※1　△398
包括利益	2,538	2,626
（内訳）		
親会社株主に係る包括利益	2,375	2,344
非支配株主に係る包括利益	162	281

③ 連結株主資本等変動計算書

前連結会計年度(自 2021年4月1日 至 2022年3月31日)

(単位：百万円)

	株主資本				
	資本金	資本剰余金	利益剰余金	自己株式	株主資本合計
当期首残高	4,443	5,171	50,209	△5,655	54,168
会計方針の変更による累積的影響額			△21		△21
会計方針の変更を反映した当期首残高	4,443	5,171	50,188	△5,655	54,147
当期変動額					
新株の発行	78	78			156
剰余金の配当			△5,101		△5,101
親会社株主に帰属する当期純利益			919		919
自己株式の取得				△0	△0
自己株式の処分		172		5,065	5,238
連結範囲の変動			△64		△64
持分法の適用範囲の変動			△17		△17
非支配株主との取引に係る親会社の持分変動					－
株主資本以外の項目の当期変動額（純額）					
当期変動額合計	78	251	△4,263	5,065	1,130
当期末残高	4,521	5,422	45,924	△590	55,278

	その他の包括利益累計額					新株予約権	非支配株主持分	純資産合計
	その他有価証券評価差額金	繰延ヘッジ損益	為替換算調整勘定	退職給付に係る調整累計額	その他の包括利益累計額合計			
当期首残高	1,120	0	△119	135	1,137	119	2,914	58,339
会計方針の変更による累積的影響額								△21
会計方針の変更を反映した当期首残高	1,120	0	△119	135	1,137	119	2,914	58,318
当期変動額								
新株の発行								156
剰余金の配当								△5,101
親会社株主に帰属する当期純利益								919
自己株式の取得								△0
自己株式の処分								5,238
連結範囲の変動								△64
持分法の適用範囲の変動								△17
非支配株主との取引に係る親会社の持分変動								－
株主資本以外の項目の当期変動額（純額）	1,629	△0	△41	△131	1,456	△119	△91	1,244
当期変動額合計	1,629	△0	△41	△131	1,456	△119	△91	2,375
当期末残高	2,750	－	△160	4	2,593	－	2,822	60,694

当連結会計年度(自 2022年4月1日 至 2023年3月31日)

（単位：百万円）

	株主資本				
	資本金	資本剰余金	利益剰余金	自己株式	株主資本合計
当期首残高	4,521	5,422	45,924	△590	55,278
会計方針の変更による累積的影響額					－
会計方針の変更を反映した当期首残高	4,521	5,422	45,924	△590	55,278
当期変動額					
新株の発行	77	77			155
剰余金の配当			△2,254		△2,254
親会社株主に帰属する当期純利益			2,742		2,742
自己株式の取得				△0	△0
自己株式の処分					
連結範囲の変動			△37		△37
持分法の適用範囲の変動			△32		△32
非支配株主との取引に係る親会社の持分変動		26			26
株主資本以外の項目の当期変動額（純額）					
当期変動額合計	77	104	418	△0	600
当期末残高	4,599	5,526	46,343	△590	55,878

	その他の包括利益累計額					新株予約権	非支配株主持分	純資産合計
	その他有価証券評価差額金	繰延ヘッジ損益	為替換算調整勘定	退職給付に係る調整累計額	その他の包括利益累計額合計			
当期首残高	2,750	－	△160	4	2,593	－	2,822	60,694
会計方針の変更による累積的影響額								－
会計方針の変更を反映した当期首残高	2,750	－	△160	4	2,593	－	2,822	60,694
当期変動額								
新株の発行								155
剰余金の配当								△2,254
親会社株主に帰属する当期純利益								2,742
自己株式の取得								△0
自己株式の処分								－
連結範囲の変動								△37
持分法の適用範囲の変動								△32
非支配株主との取引に係る親会社の持分変動								26
株主資本以外の項目の当期変動額（純額）	△211	－	△21	△164	△398	－	△2,057	△2,455
当期変動額合計	△211	－	△21	△164	△398	－	△2,057	△1,855
当期末残高	2,538	－	△182	△160	2,195	－	764	58,838

④ 連結キャッシュ・フロー計算書

（単位：百万円）

	前連結会計年度 （自 2021年4月1日 至 2022年3月31日）	当連結会計年度 （自 2022年4月1日 至 2023年3月31日）
営業活動によるキャッシュ・フロー		
税金等調整前当期純利益	2,231	4,651
減価償却費	2,170	2,346
減損損失	174	851
災害による損失	233	－
賞与引当金の増減額（△は減少）	72	316
偶発損失引当金の増減額（△は減少）	△130	△95
退職給付に係る負債の増減額（△は減少）	△214	△36
受取利息及び受取配当金	△36	△27
支払利息	11	9
投資有価証券売却損益（△は益）	△88	△1,390
持分法による投資損益（△は益）	218	20
新株予約権戻入益	△114	－
投資有価証券評価損益（△は益）	10	△734
株式報酬費用	142	156
売上債権の増減額（△は増加）	295	△10,300
棚卸資産の増減額（△は増加）	△215	1,181
前渡金の増減額（△は増加）	△211	248
前払印税の増減額（△は増加）	658	△637
仕入債務の増減額（△は減少）	1,057	868
未収入金の増減額（△は増加）	1,923	△832
未払金の増減額（△は減少）	△2,885	11,955
未払印税の増減額（△は減少）	△685	△211
前受金の増減額（△は減少）	870	△513
返金負債の増減額（△は減少）	△446	△277
その他	△3,168	1,694
小計	1,876	9,243
利息及び配当金の受取額	53	45
利息の支払額	△10	△10
法人税等の還付額	46	514
法人税等の支払額	△6,430	△600
営業活動によるキャッシュ・フロー	△4,464	9,192

	前連結会計年度 （自 2021年4月1日 至 2022年3月31日）	当連結会計年度 （自 2022年4月1日 至 2023年3月31日）
投資活動によるキャッシュ・フロー		
有形固定資産の取得による支出	△659	△1,131
無形固定資産の取得による支出	△2,297	△2,452
投資有価証券の取得による支出	△424	△391
投資有価証券の売却による収入	99	1,498
敷金及び保証金の差入による支出	△729	△48
敷金及び保証金の回収による収入	41	29
連結の範囲の変更を伴う子会社株式の売却による支出	－	※2 △646
その他	582	10
投資活動によるキャッシュ・フロー	△3,387	△3,131
財務活動によるキャッシュ・フロー		
長期借入金の返済による支出	△54	△7
リース債務の返済による支出	△41	△58
自己株式の取得による支出	△0	△0
自己株式の処分による収入	5,208	－
連結の範囲の変更を伴わない子会社株式の取得による支出	－	△65
配当金の支払額	△5,094	△2,254
非支配株主への配当金の支払額	△331	△106
財務活動によるキャッシュ・フロー	△314	△2,493
現金及び現金同等物に係る換算差額	183	△95
現金及び現金同等物の増減額（△は減少）	△7,983	3,472
現金及び現金同等物の期首残高	52,654	44,671
現金及び現金同等物の期末残高	※1 44,671	※1 48,143

【注記事項】
(連結財務諸表作成のための基本となる重要な事項)

1　連結の範囲に関する事項 ……………………………………………………

(1)　連結子会社の数　25社 ………………………………………………………

　　連結子会社名は，「第1企業の概況4関係会社の状況」に記載しているため省略
しております。

　　エイベックス・ビジネス・ディベロップメント（株）は，当連結会計年度にお
いてエイベックス・クリエイター・エージェンシー（株）に商号変更しております。

　　（株）MAKEY及び（株）TWHは，当連結会計年度において当社連結子会社で
あるエイベックス・クリエイター・エージェンシー（株）を存続会社とする吸収
合併により消滅したため，連結の範囲から除外しております。

　　当連結会計年度において，エイベックス通信放送（株）の株式を譲渡したため，
連結の範囲から除外しております。

　　（株）RiBLAは，当連結会計年度において重要性が増したため，連結の範囲に
含めております。

(2)　主要な非連結子会社の名称等 …………………………………………………

　　該当ありません。

連結の範囲から除いた理由

　　非連結子会社については，いずれも小規模会社であり，合計の総資産，売上高，
当期純損益（持分相当額）及び利益剰余金（持分相当額）等は，いずれも連結財
務諸表に重要な影響を及ぼしていないため，連結の範囲から除外しております。

2　持分法の適用に関する事項 …………………………………………………

(1)　持分法を適用した関連会社の数

　　関連会社の数　6社

　　関連会社名は，「第1企業の概況4関係会社の状況」に記載しているため省略し
ております。

　　Fashion Freak Show International Ltd.は，当連結会計年度において新設され

たことにより関連会社となったため，持分法の適用の範囲に含めております。

　当連結会計年度において，LINEMUSIC（株）の株式を譲渡したため，持分法の適用の範囲から除外しております。

　SANRIO SOUTH EAST ASIA PTE.LTD.は，当連結会計年度において重要性が増したため，持分法の適用の範囲に含めております。

(2) 持分法を適用しない非連結子会社又は関連会社のうち主要な会社等の名称 ⋯
　非連結子会社

　　該当ありません。

持分法を適用しない理由

　持分法を適用していない会社については，それぞれ当期純損益（持分相当額）及び利益剰余金（持分相当額）等からみて持分法の対象から除いても連結財務諸表に及ぼす影響が軽微であり，かつ，全体としても重要性がないため，持分法の適用の範囲から除外しております。

(3)　持分法の適用の手続について特に記載する必要があると認められる事項 ⋯⋯
　持分法を適用している会社のうち，決算日が連結決算日と異なる会社については，各社の事業年度に係る財務諸表又は連結決算日現在で実施した仮決算に基づく財務諸表を使用しております。

3　連結子会社の事業年度等に関する事項 ⋯⋯⋯⋯⋯⋯⋯⋯⋯⋯⋯⋯⋯⋯⋯⋯⋯
　連結子会社のうち，Avex ChinaInc.及びAvex ShanghaiCo.,Ltd.の決算日は，12月31日であります。

　連結財務諸表の作成にあたっては連結決算日現在で実施した仮決算に基づく財務諸表を使用しております。なお，その他の連結子会社の事業年度の末日は，連結決算日と一致しております。

(point) 財務諸表

　この項目では，連結ではなく単体の貸借対照表と，損益計算書の内訳を確認することができる。連結＝単体＋子会社なので，会社によっては単体の業績を調べて連結全体の業績予想のヒントにする場合があるが，あまりその必要性がある企業は多くない。

4　会計方針に関する事項 ･･････････････････････････････････････

（1）　重要な資産の評価基準及び評価方法 ･････････････････････････

① 有価証券

その他有価証券

市場価格のない株式等以外のもの　時価法（評価差額は全部純資産直入法により処理し，売却原価は移動平均法により算定）

市場価格のない株式等　移動平均法による原価法

投資事業有限責任組合等への出資　最近の決算書に基づく持分相当額により評価しております。

② デリバティブ

時価法

③ 棚卸資産

商品・製品・貯蔵品

主として移動平均法による原価法（貸借対照表価額は収益性の低下による簿価切下げの方法により算定）

原材料

最終仕入原価法（貸借対照表価額は収益性の低下による簿価切下げの方法により算定）

番組及び仕掛品（映像使用権を含む）

個別法による原価法（貸借対照表価額は収益性の低下による簿価切下げの方法により算定）

（2）　重要な減価償却資産の減価償却の方法 ･････････････････････････

① 有形固定資産（リース資産を除く）

当社及び国内連結子会社は定率法，ただし1998年4月1日以降に取得した建物（建物附属設備は除く）並びに2016年4月1日以降に取得した建物附属設備及び構築物については定額法，在外連結子会社は定額法によっております。

なお，主な耐用年数は，以下のとおりであります。

建物及び構築物　　3〜43年

　　その他　　　　　　2〜20年

② **無形固定資産（リース資産を除く）**

　自社利用のソフトウエアについては，社内における利用可能期間（2〜5年）に基づく定額法によっております。

③ **リース資産**

　所有権移転外ファイナンス・リース取引に係るリース資産

　リース期間を耐用年数とし，残存価額を零とする定額法によっております。

(3) **重要な引当金の計上基準** ……………………………………………………

① **貸倒引当金**

　債権の貸倒れによる損失に備えるため，一般債権については貸倒実績率により，貸倒懸念債権等特定の債権については個別に回収可能性を検討し，回収不能見込額を計上しております。

② **賞与引当金**

　従業員に対する賞与の支給に備えるため，支給見込額を計上しております。

③ **偶発損失引当金**

　当社連結子会社の契約タレントに関して，将来発生する可能性のある偶発損失に備えるため，損失見込額を計上しております。

(4) **退職給付に係る会計処理の方法** ……………………………………………

① **退職給付見込額の期間帰属方法**

　退職給付債務の算定にあたり，退職給付見込額を当連結会計年度末までの期間に帰属させる方法については，給付算定式基準によっております。

② **数理計算上の差異及び過去勤務費用の費用処理方法**

　過去勤務費用は，その発生時の従業員の平均残存勤務期間以内の一定の年数（11年）による定額法により費用処理しております。数理計算上の差異は，その発生時の翌連結会計年度に費用処理することとしております。

---

(5) 重要な収益及び費用の計上基準 ···

当社グループは，以下の5ステップアプローチに基づき，収益を認識しております。

ステップ1：顧客との契約を識別する。

ステップ2：契約における履行義務を識別する。

ステップ3：取引価格を算定する。

ステップ4：契約における履行義務に取引価格を配分する。

ステップ5：履行義務を充足した時に又は充足するにつれて収益を認識する。

当社グループでは，音楽事業，アニメ・映像事業，デジタル事業及び海外事業等の多種多様な財又はサービスの提供を行っております。

製品及び商品の販売については，出荷から引き渡しまでごく短期間で行われるため，出荷した時点において当該製品及び商品の支配が顧客に移転されると判断し，出荷時点で収益を認識しております。ただし，販売開始日より前に出荷される製品及び商品については，商慣習により販売時点で収益を認識しております。

なお，製品及び商品の販売のうち，当社グループの役割が代理人に該当すると判断したものについては，当該対価の総額から第三者に対する支払額を差し引いた純額で収益を認識しております。

ライヴ・イベントの開催については，開催時点において顧客に対して約束したサービスが移転し，当社の履行義務が充足されると判断していることから，開催時点で収益を認識しております。

音楽及び映像配信等の収益については，顧客に対してライセンスを供与する取引に該当し，顧客から受け取る売上高又は使用量に基づくロイヤルティについては，当該ライセンスに関連して顧客が売上高を計上する時又は顧客がライセンスを使用する時点で収益を認識しております。

(6) 重要な外貨建の資産又は負債の本邦通貨への換算の基準 ··················

外貨建金銭債権債務は，連結決算日の直物為替相場により円貨に換算し，換算差額は損益として処理しております。なお，在外連結子会社等の資産及び負債は，決算日の直物為替相場により円貨に換算し，収益及び費用は期中平均相場に

より円貨に換算し，換算差額は純資産の部における為替換算調整勘定に含めております。

(7) 重要なヘッジ会計の方法 ⋯⋯⋯⋯⋯⋯⋯⋯⋯⋯⋯⋯⋯⋯⋯⋯⋯⋯⋯⋯⋯⋯⋯
① ヘッジ会計の方法
繰延ヘッジ処理を採用しております。
② ヘッジ手段とヘッジ対象
ヘッジ会計を適用したヘッジ手段とヘッジ対象は，以下のとおりであります。
　　ヘッジ手段　　為替予約
　　ヘッジ対象　　外貨建予定取引
③ ヘッジ方針
デリバティブ取引に係る社内規程に基づき，将来の為替変動リスクを回避する目的でヘッジ手段を利用しており，リスクヘッジ目的以外の取引は行わない方針であります。
④ ヘッジ有効性評価の方法
ヘッジ開始時から有効性評価時点までの期間において，ヘッジ手段のキャッシュ・フロー変動の累計又は相場変動とヘッジ対象のキャッシュ・フロー変動の累計又は相場変動を比較して有効性を評価しております。

(8) のれんの償却方法及び償却期間 ⋯⋯⋯⋯⋯⋯⋯⋯⋯⋯⋯⋯⋯⋯⋯⋯⋯⋯⋯⋯⋯
5年間の定額法により償却しております。

(9) 連結キャッシュ・フロー計算書における資金の範囲 ⋯⋯⋯⋯⋯⋯⋯⋯⋯⋯⋯⋯
手許現金，要求払預金及び容易に換金可能であり，かつ，価値の変動について僅少なリスクしか負わない取得日から3ヶ月以内に満期日の到来する短期的な投資からなっております。

(10) その他連結財務諸表作成のための重要な事項 ⋯⋯⋯⋯⋯⋯⋯⋯⋯⋯⋯⋯⋯⋯
　① 記載金額は百万円未満を切捨てて表示しております。
　② 記載金額が「0」は百万円未満であることを示しております。

③　記載金額が「－」は該当金額がないことを示しております。

（重要な会計上の見積り）
　当社の連結財務諸表の作成にあたって行った重要な会計上の見積りの内容は，以下のとおりであります。

1　当連結会計年度の連結財務諸表に計上した金額 ……………………………
　繰延税金資産　3,979百万円

2　識別した項目に係る重要な会計上の見積りの内容に関する情報 ……………
　当社グループは，「第5　経理の状況　1連結財務諸表等　(1)連結財務諸表　注記事項　（税効果会計関係）」に記載されているとおり，繰延税金負債と相殺される前の回収可能性があると判断された繰延税金資産の金額を4,946百万円（繰延税金資産総額8,407百万円，評価性引当額 △3,461百万円）計上しております。この繰延税金資産の金額については，収益力に基づく将来の課税所得及びタックス・プランニング並びに将来減算一時差異の将来解消見込年度のスケジューリング等に基づいて回収が見込まれる金額を計上しております。回収が見込まれる金額の算定において，収益力に基づく将来の課税所得は事業計画を基礎としており，その主要な仮定は，将来の販売計画及び市場動向等であります。
　これらの見積りにおいて用いた仮定が，将来の不確実な経済条件の変動などによって影響を受ける可能性があり，将来の課税所得の金額について見直しが必要になった場合，翌連結会計年度において，繰延税金資産の金額に重要な影響を与える可能性があります。

（会計方針の変更）
　（時価の算定に関する会計基準の適用指針の適用）
　「時価の算定に関する会計基準の適用指針」（企業会計基準適用指針第31号2021年6月17日。以下，「時価算定会計基準適用指針」という。）を当連結会計年度の期首から適用し，時価算定会計基準適用指針第27-2項に定める経過的な取扱いに従って，時価算定会計基準適用指針が定める新たな会計方針を将来にわたって適用することとしております。

なお，連結財務諸表に与える影響はありません。

（表示方法の変更）
　（連結貸借対照表関係）
　前連結会計年度において，独立掲記しておりました「投資その他の資産」の「長期前払費用」は，金額的重要性が乏しくなったため，当連結会計年度より「投資その他の資産」の「その他」に含めて表示しております。この表示方法の変更を反映させるため，前連結会計年度の連結財務諸表の組替えを行っております。この結果，前連結会計年度の連結貸借対照表において，「投資その他の資産」に表示しておりました「長期前払費用」2百万円は，「投資その他の資産」の「その他」として組み替えております。

　前連結会計年度において，独立掲記しておりました「流動負債」の「契約負債」は，金額的重要性が乏しくなったため，当連結会計年度より「流動負債」の「その他」に含めて表示しております。この表示方法の変更を反映させるため，前連結会計年度の連結財務諸表の組替えを行っております。

　この結果，前連結会計年度の連結貸借対照表において，「流動負債」に表示しておりました「契約負債」46百万円は，「流動負債」の「その他」として組み替えております。

　（連結損益計算書関係）
　前連結会計年度において，独立掲記しておりました「営業外収益」の「補助金収入」は，金額的重要性が乏しくなったため，当連結会計年度より「営業外収益」の「その他」に含めて表示しております。この表示方法の変更を反映させるため，前連結会計年度の連結財務諸表の組替えを行っております。

　この結果，前連結会計年度の連結損益計算書において，「営業外収益」の「補助金収入」に表示しておりました48百万円は，「営業外収益」の「その他」として組み替えております。

　前連結会計年度において，「営業外費用」の「その他」に含めておりました「為替差損」は，金額的重要性が増したため，当連結会計年度より独立掲記すること

としております。この表示方法の変更を反映させるため，前連結会計年度の連結財務諸表の組替えを行っております。

この結果，前連結会計年度の連結損益計算書において，「営業外費用」の「その他」に表示しておりました106百万円は，「為替差損」8百万円，「その他」98百万円として組み替えております。

前連結会計年度において，独立掲記しておりました「特別利益」の「固定資産売却益」は，金額的重要性が乏しくなったため，当連結会計年度より「特別利益」の「その他」に含めて表示しております。この表示方法の変更を反映させるため，前連結会計年度の連結財務諸表の組替えを行っております。

この結果，前連結会計年度の連結損益計算書において，「特別利益」の「固定資産売却益」に表示しておりました2百万円は，「特別利益」の「その他」として組み替えております。

前連結会計年度において，独立掲記しておりました「特別損失」の「固定資産除却損」は，金額的重要性が乏しくなったため，当連結会計年度より「特別損失」の「その他」に含めて表示しております。この表示方法の変更を反映させるため，前連結会計年度の連結財務諸表の組替えを行っております。

この結果，前連結会計年度の連結損益計算書において，「特別損失」の「固定資産除却損」に表示しておりました27百万円は，「特別損失」の「その他」として組み替えております。

（連結キャッシュ・フロー計算書関係）

前連結会計年度において，独立掲記しておりました「営業活動によるキャッシュ・フロー」の「投資事業組合運用損益（△は益）」，「固定資産売却損益（△は益）」及び「契約負債の増減額（△は減少）」は，金額的重要性が乏しくなったため，当連結会計年度より「その他」に含めて表示しております。この表示方法の変更を反映させるため，前連結会計年度の連結財務諸表の組替えを行っております。

この結果，前連結会計年度の連結キャッシュ・フロー計算書において，「営業活動によるキャッシュ・フロー」に表示しておりました「投資事業組合運用損益（△は益）」13百万円，「固定資産売却損益（△は益）」△2百万円及び「契約負債

の増減額（△は減少）」8百万円は，「その他」として組み替えております。

　前連結会計年度において，独立掲記しておりました「投資活動によるキャッシュ・フロー」の「有形固定資産の売却による収入」は，金額的重要性が乏しくなったため，当連結会計年度より「その他」に含めて表示しております。この表示方法の変更を反映させるため，前連結会計年度の連結財務諸表の組替えを行っております。

　この結果，前連結会計年度の連結キャッシュ・フロー計算書において，「投資活動によるキャッシュ・フロー」に表示しておりました「有形固定資産の売却による収入」2百万円は，「その他」として組み替えております。

(1) 財務諸表 ··

① 貸借対照表

（単位：百万円）

	前事業年度 (2022年3月31日)	当事業年度 (2023年3月31日)
資産の部		
流動資産		
現金及び預金	40,460	42,863
売掛金	※1 1,503	※1 2,737
関係会社短期貸付金	※1 203	※1 3,194
未収入金	※1 2,001	※1 1,961
その他	※1 403	※1 475
貸倒引当金	△61	△201
流動資産合計	44,509	51,030
固定資産		
有形固定資産		
建物	1,151	1,353
工具、器具及び備品	402	311
土地	1,455	1,455
リース資産	92	201
その他	148	185
有形固定資産合計	3,250	3,507
無形固定資産		
ソフトウエア	1,055	711
ソフトウエア仮勘定	110	241
その他	28	24
無形固定資産合計	1,194	977
投資その他の資産		
投資有価証券	2,234	2,086
関係会社株式	13,317	13,036
関係会社長期貸付金	※1 8,997	※1 8,198
繰延税金資産	210	283
その他	1,141	898
貸倒引当金	△4,822	△5,295
投資その他の資産合計	21,078	19,206
固定資産合計	25,523	23,691
資産合計	70,033	74,722

	前事業年度 （2022年3月31日）		当事業年度 （2023年3月31日）	
負債の部				
流動負債				
リース債務		27		42
未払金	※1	2,632	※1	2,537
未払法人税等		－		275
関係会社預り金	※1	20,437	※1	27,757
賞与引当金		47		87
その他		405		300
流動負債合計		23,549		31,001
固定負債				
リース債務		72		172
退職給付引当金		316		280
その他		335		476
固定負債合計		725		929
負債合計		24,274		31,930
純資産の部				
株主資本				
資本金		4,521		4,599
資本剰余金				
資本準備金		5,368		5,446
その他資本剰余金		182		182
資本剰余金合計		5,551		5,629
利益剰余金				
利益準備金		501		501
その他利益剰余金				
別途積立金		10,000		10,000
繰越利益剰余金		25,474		22,334
利益剰余金合計		35,975		32,836
自己株式		△590		△590
株主資本合計		45,459		42,475
評価・換算差額等				
その他有価証券評価差額金		300		316
評価・換算差額等合計		300		316
純資産合計		45,759		42,791
負債純資産合計		70,033		74,722

② 損益計算書

	前事業年度 （自 2021年4月1日 至 2022年3月31日）		当事業年度 （自 2022年4月1日 至 2023年3月31日）	
営業収益	※1	9,805	※1	10,144
営業原価		1,151		1,026
売上総利益		8,653		9,118
販売費及び一般管理費	※1,※2	7,750	※1,※2	8,618
営業利益		903		499
営業外収益				
受取利息	※1	40	※1	50
受取配当金		11		6
その他	※1	10	※1	26
営業外収益合計		62		83
営業外費用				
支払利息	※1	28	※1	29
為替差損		224		350
貸倒引当金繰入額		1,408		317
支払手数料		18		16
投資事業組合運用損		10		15
その他		15		8
営業外費用合計		1,707		737
経常損失（△）		△741		△153
特別利益				
投資有価証券売却益		－		31
新株予約権戻入益		114		－
雇用調整助成金		1		－
その他		－		1
特別利益合計		115		32
特別損失				
減損損失		－		50
災害による損失		192		－
関係会社株式評価損		761		297
その他		56		179
特別損失合計		1,010		527
税引前当期純損失（△）		△1,636		△648
法人税、住民税及び事業税		13		307
法人税等調整額		270		△71
法人税等合計		284		236
当期純損失（△）		△1,920		△885

前事業年度(自 2021年4月1日 至 2022年3月31日)

(単位：百万円)

	株主資本							
		資本剰余金			利益剰余金			
	資本金	資本準備金	その他資本剰余金	資本剰余金合計	利益準備金	その他利益剰余金		利益剰余金合計
						別途積立金	繰越利益剰余金	
当期首残高	4,443	5,290	10	5,300	501	10,000	32,496	42,997
当期変動額								
新株の発行	78	78		78				
剰余金の配当							△5,101	△5,101
当期純損失（△）							△1,920	△1,920
自己株式の取得								
自己株式の処分			172	172				
株主資本以外の項目の当期変動額（純額）								
当期変動額合計	78	78	172	251	－	－	△7,021	△7,021
当期末残高	4,521	5,368	182	5,551	501	10,000	25,474	35,975

	株主資本		評価・換算差額等		新株予約権	純資産合計
	自己株式	株主資本合計	その他有価証券評価差額金	評価・換算差額等合計		
当期首残高	△5,655	47,086	102	102	119	47,308
当期変動額						
新株の発行		156				156
剰余金の配当		△5,101				△5,101
当期純損失（△）		△1,920				△1,920
自己株式の取得	△0	△0				△0
自己株式の処分	5,065	5,238				5,238
株主資本以外の項目の当期変動額（純額）			197	197	△119	78
当期変動額合計	5,065	△1,627	197	197	△119	△1,549
当期末残高	△590	45,459	300	300	－	45,759

当事業年度(自　2022年4月1日　至　2023年3月31日)

（単位：百万円）

	株主資本							
	資本金	資本剰余金			利益剰余金			
		資本準備金	その他資本剰余金	資本剰余金合計	利益準備金	その他利益剰余金		利益剰余金合計
						別途積立金	繰越利益剰余金	
当期首残高	4,521	5,368	182	5,551	501	10,000	25,474	35,975
当期変動額								
新株の発行	77	77		77				
剰余金の配当							△2,254	△2,254
当期純損失（△）							△885	△885
自己株式の取得								
自己株式の処分								
株主資本以外の項目の当期変動額（純額）								
当期変動額合計	77	77	－	77	－	－	△3,139	△3,139
当期末残高	4,599	5,446	182	5,629	501	10,000	22,334	32,836

	株主資本		評価・換算差額等		新株予約権	純資産合計
	自己株式	株主資本合計	その他有価証券評価差額金	評価・換算差額等合計		
当期首残高	△590	45,459	300	300	－	45,759
当期変動額						
新株の発行		155				155
剰余金の配当		△2,254				△2,254
当期純損失（△）		△885				△885
自己株式の取得	△0	△0				△0
自己株式の処分		－				－
株主資本以外の項目の当期変動額（純額）			16	16	－	16
当期変動額合計	△0	△2,984	16	16		△2,967
当期末残高	△590	42,475	316	316	－	42,791

【注記事項】

(重要な会計方針)

1 資産の評価基準及び評価方法
有価証券の評価基準及び評価方法

(1) 子会社株式及び関連会社株式
移動平均法による原価法

(2) その他有価証券
市場価格のない株式等
　移動平均法による原価法
投資事業有限責任組合等への出資
　最近の決算書に基づく持分相当額により評価しております。

2 固定資産の減価償却の方法

(1) 有形固定資産(リース資産を除く)
定率法，ただし1998年4月1日以降に取得した建物(建物附属設備は除く)並びに2016年4月1日以降に取得した建物附属設備及び構築物については定額法によっております。

なお，主な耐用年数は，以下のとおりであります。

建物	3～39年
工具，器具及び備品	3～20年

(2) 無形固定資産(リース資産を除く)
自社利用のソフトウエアについては，社内における利用可能期間(2～5年)に基づく定額法によっております。

(3) リース資産
所有権移転外ファイナンス・リース取引に係るリース資産
リース期間を耐用年数とし，残存価額を零とする定額法によっております。

---

3 引当金の計上基準

(1) 貸倒引当金

債権の貸倒れによる損失に備えるため，一般債権については貸倒実績率により，貸倒懸念債権等特定の債権については個別に回収可能性を検討し，回収不能見込額を計上しております。

(2) 賞与引当金

従業員に対する賞与の支給に備えるため，支給見込額を計上しております。

(3) 退職給付引当金

従業員の退職給付に備えるため，当事業年度末における退職給付債務及び年金資産の見込額に基づき計上しております。

① 退職給付見込額の期間帰属方法

退職給付債務の算定にあたり，退職給付見込額を当事業年度末までの期間に帰属させる方法については，給付算定式基準によっております。

② 数理計算上の差異及び過去勤務費用の費用処理方法

過去勤務費用は，その発生時の従業員の平均残存勤務期間以内の一定の年数（11年）による定額法により費用処理しております。

数理計算上の差異は，その発生時の翌事業年度に費用処理することとしております。

4 収益及び費用の計上基準

当社の収益は，子会社からのグループ運営負担金となります。グループ運営負担金は，子会社との契約内容に応じた受託業務を提供することが履行義務であり，業務を実施した時点で当社の履行義務が充足されることから，当該時点で収益を認識しております。

5　その他財務諸表作成のための基本となる重要な事項

(1)　外貨建の資産又は負債の本邦通貨への換算基準

　外貨建金銭債権債務は，決算日の直物為替相場により円貨に換算し，換算差額は損益として処理しております。

(2)　退職給付に係る会計処理

　退職給付に係る未認識数理計算上の差異及び未認識過去勤務費用の会計処理の方法は，連結財務諸表におけるこれらの会計処理の方法と異なっております。

(3)　その他

　①　記載金額は百万円未満を切捨てて表示しております。
　②　記載金額が「0」は百万円未満であることを示しております。
　③　記載金額が「－」は該当金額がないことを示しております。

（重要な会計上の見積り）

　当社の財務諸表の作成にあたって行った重要な会計上の見積りの内容は，以下のとおりであります。

1　当事業年度の財務諸表に計上した金額

　繰延税金資産　283百万円

2　識別した項目に係る重要な会計上の見積りの内容に関する情報

　当社は，「第5経理の状況　2財務諸表等　(1) 財務諸表　注記事項　（税効果会計関係）」に記載されているとおり，繰延税金負債と相殺される前の回収可能性があると判断された繰延税金資産の金額を365百万円（繰延税金資産総額5,799百万円，評価性引当額　△5,434百万円）計上しております。この繰延税金資産の金額については，収益力に基づく将来の課税所得及びタックス・プランニング並びに将来減算一時差異の将来解消見込年度のスケジューリング等に基づいて回収が見込まれる金額を計上しております。回収が見込まれる金額の算定において，収益力に基づく将来の課税所得は事業計画を基礎としており，その主要な仮定は，将来の販売計画及び市場動向等であります。

これらの見積りにおいて用いた仮定が，将来の不確実な経済条件の変動などによって影響を受ける可能性があり，将来の課税所得の金額について見直しが必要になった場合，翌事業年度において，繰延税金資産の金額に重要な影響を与える可能性があります。

（会計方針の変更）
　（時価の算定に関する会計基準の適用指針の適用）
　「時価の算定に関する会計基準の適用指針」（企業会計基準適用指針第31号2021年6月17日。以下，「時価算定会計基準適用指針」という。）を当事業年度の期首から適用し，時価算定会計基準適用指針第27-2項に定める経過的な取扱いに従って，時価算定会計基準適用指針が定める新たな会計方針を将来にわたって適用することとしております。
　なお，財務諸表に与える影響はありません。

第2章

メディア業界の"今"を知ろう

企業の募集情報は手に入れた。しかし，それだけでは
まだ不十分。企業単位ではなく，業界全体を俯瞰する
視点は，面接などでもよく問われる重要ポイントだ。
この章では直近1年間のメディア業界を象徴する重大
ニュースをまとめるとともに，今後の展望について言
及している。また，章末にはメディア業界における有
名企業（一部抜粋）のリストも記載してあるので，今
後の就職活動の参考にしてほしい。

▶▶創るって，たのしい！
メディア　業界の動向

> 「メディア」とは情報媒体を意味し，それにまつわる業種を指す。
> 新聞・テレビ・出版・印刷・広告・映画・音楽などの業種がある。

❖ 広告の動向

　広告は，テレビ，新聞，雑誌，ラジオの「マスコミ4媒体」と，インターネット，屋外広告や交通広告，折込チラシといったプロモーションメディアで構成されている。2022年の日本の総広告費は7兆1021億円と前年を上回った。「マスコミ4媒体」の合算広告費は約2.3兆円。それに対してネット広告費は3兆円を超える。両者のパワーバランスは完全に逆転している。

　広告業界において，国内最大手の電通がネット広告の不正請求や社員の過労自殺など，不祥事で注目を集め，社会的にも大きな話題となった。そのため，電通は2017年以降，労働環境の改善に向け，長時間残業の禁止，人員増強やデジタル分野での人材育成，顧客向けのマーケティングツールの開発に多額に経費を計上するなど，働き方改革を進めている。こういった電通の対応から，広告業界全体の意識にも変化が起こっている。博報堂DYでは専門部署を設置したりシステムによる業務の効率化を推進，アサツーディ・ケイ（ADK）も有給休暇の取得促進，在宅勤務の実施など，労働環境の改善に取り組んでいる。

●急成長するネット広告，双方向な情報発信も

　広告媒体の勢力図はインターネットの普及によって，大きく変わっている。これまで主流だったテレビ・新聞・雑誌・ラジオのマスコミ4媒体に変わり，スマートフォンや動画などのインターネット広告が広告業界を牽引していくことになる。

　ネット広告では，消費者の反応（クリック率）をリアルタイムで把握した

り，ターゲット別に個別の広告枠を表示させたりすることが可能なため「いかに消費者のニーズに合った情報を届けるか」という観点から，アドテクノロジーが日々進化している。複数のメディアの広告枠を一元で管理する「アドネットワーク」や，アドネットワークを自由に売買できる仕組み「アドエクスチェンジ」の登場によって，広告配信上のルールが整い，工数も削減されてきている。広告枠の仕入れ販売を行うメディアレップ（媒体代理店）やネット広告代理店も好況で，さらなる成長が期待されている。

　また，SNSの普及により，ネットは旧来の一方通行型から，双方向の情報発信が可能な媒体になった。多くのフォロワーを持つカリスマブロガーやYouTuberは，発信する情報が大きな宣伝効果を持つ。彼らは「インフルエンサー」と呼ばれ，企業側も彼らの口コミを販促活動に利用するようになっている。しかしその一方で，宣伝であることを隠すステルスマーケティング（ステマ）などでトラブルになるケースも増えている。近年では，広告収入を目的に作られる悪質なフェイクニュースも話題となっており，メディアとしてのインターネットの信頼性が問われている。

　順風満帆のネット広告だが，ひとつの懸念事項として「クッキー」規制がある。米GoogleはGoogle Chrome上において，広告のターゲッティングに使用されてきたクッキーの使用を22年から禁止することを発表した。個人情報保護規制の対応をうけての措置だが，精緻なターゲッティングや効果測定ができにくくなる恐れがあり，業界各社は対応に追われている。

●プロモーションメディアの電子化にも注目

　街頭の看板，駅ナカのポスターなど，従来は紙媒体が中心だったプロモーションメディアで，デジタルサイネージ（電子看板）広告に対する関心が高まっている。デジタルサイネージは，屋外や店頭，交通機関などの公共施設内で，ディスプレイなどの電子機器を使用して情報発信するシステムをいう。ネットワークへの対応も可能で，表示情報をリアルタイムでコントロールできるため，短期間の広告で取り替えの手間がかからない，1カ所で複数の広告を切り替え表示できるといった利点がある。とくに動画を表示できる点は，これまでの紙媒体に対して大きなアドバンテージとなっている。

　デジタルサイネージでは，単に固定の情報を表示・発信するだけでなく，たとえばカメラを内蔵して前を通る人の年齢や性別を識別し，それに合わせて広告内容を変えることもできる。一例を挙げると，2015年にドラマ「デスノート」の宣伝として渋谷に設置されたデジタルサイネージでは，画面の

前に人が立つと，顔認証システムを利用して主人公の月が立った人の似顔絵を描き，Lがプロファイリングをするという趣向で，連日行列ができるなど大きな話題となった。このような仕組みは，その場で訴求できる人数は少数だが，内容によってはSNSによる拡散，集客が見込める。デジタルサイネージによる顔認証，タッチ式デジタルサイネージによる双方向コミュニケーション，スマホアプリによるプロモーションといったデジタルメディアの活用は今後も増えていくことが予想される。

●大手，海外M&Aを加速

　電通は，2013年に英国の広告会社イージス・グループを4000億円で買収して以降，グローバル化を進行中で，同社のネットワークを活かして，M&A案件の情報を収集。2013年に12社，2014年には24社，2015年は34社，2016年は45社と，買収の規模も拡大しており，2014年から2017年までの買収案件は計134件で，2017年には売上総利益に占める海外事業構成比が58.8％にまで高まっている。また，2016年9月に米データマーケティング企業，2017年4月には米デジタルパフォーマンスマーケティング会社，12月には米BtoBデジタルマーケティング会社，2018年に入っても世界規模でデジタルエージェンシー6社を買収するなど，デジタル領域の投資が目立っており，売上総利益におけるデジタル領域の比率は50％を超えている。

　佐藤可士和や箭内道彦など，著名なクリエイターを多数輩出してきた博報堂は，緻密なマーケティングに基づいた広告展開を得意としている。2014年にM&Aを行う新たな戦略事業組織「kyu」を立ち上げ，専門マーケティングサービス企業をグループ内に取り込むことを成長戦略として活動している。2017年1月にはカナダのコンサルティング会社ビーイーワークスを，2018年4月にはデジタル広告でビッグデータを使ったマーケティングに強い米ケプラーグループを買収している。また，アジアにおいては，2017年2月にアジア太平洋地域での事業展開を加速させるため，シンガポールのインテグレーテッド・コミュニケーションズ・グループ（ICG）を子会社化した。続いて，2018年1月にはベトナムとミャンマーで事業展開しているスクエアコミュニケーションズを，4月にはフィリピンで広告・マーケティングツールの開発会社を買収している。

　広告世界最大手WPPグループと1998年に資本・業務提携をしたADKだが，2017年10月，20年に渡る同社との提携解消を発表した。提携による明確なシナジー（相乗効果）を出せなかったことや，WPPの要求により純利

益以上の高額な株式配当を続けたことが提携解消の理由だと推測される。11月には米投資ファンドのベインキャピタルが実施するTOB（株式公開買い付け）によって同ファンドの傘下に入り，2018年3月に株式上場廃止となった。その後は，WPPのような特定の事業パートナーにとらわれることなく，多様な企業と連携し，抜本的な改革に取り組むという。

❖ 印刷の動向

　印刷には，書籍や雑誌などの出版印刷，チラシやカタログ，ポスターといった商業印刷のほか，包装紙などのパッケージ印刷，帳票などの事務用印刷がある。インターネットの普及に伴って，出版印刷での印刷需要は低下している。

　苦しい状況のなかで，凸版印刷，大日本印刷という大手2社はこれまでに培った印刷技術を転用して，半導体や太陽光電池部材，液晶カラーフィルターなどの新しい分野に進出したほか，ITなどのデジタル領域にも参入するなど，多分野での収益確立を目指している。凸版印刷は，出版社のフレーベル館，東京書籍を傘下に収めたほか，電子書籍ストア「BookLive!」の運営を行っている。また，包装材の分野では，2016年4月に100億円を投じて，米ジョージア州に透明バリアフィルムの工場を新設した。欧米や今後市場の成長が見込まれる中南米などに向けて，最高品質なフィルムの提供を強化している。このほか，企業の入力作業や事務処理を受託するBPO（Business Process Outsourcing）事業においても，グループとして高い実績を誇っている。子会社のトッパン・フォームズは，マイナンバー関連業務を大幅に簡易化するシステム「PASiD」を販売しており，凸版印刷も2016年からNTTデータと協業し，保険業界向けマイナンバー収集業務を開始している。

　大日本印刷もまた，大手書店の丸善，ジュンク堂を傘下におさめ，古本最大手ブックオフへ出資，電子書籍サイト「honto」の運営のほか，清涼飲料事業も手掛けている。2017年10月には，中国に半導体用フォトマスクの製造工場を新設し，5年間で約180億円を投資する。「honto」は本の通販と電子書籍を連携したサービスを展開していたが，2024年3月末をもって本の通販サービスを終了することを発表した。

● 大手2社はVR，ARへも進出

　仮想現実（VR）や拡張現実（AR）がエンタテイメント分野だけでなく，ビジネス分野でも利用され始めていることを受け，大手2社はそれぞれ，VRやARにも力を入れている。凸版印刷は，システィーナ礼拝堂や兵馬俑（彩色），熊本城，東大寺大仏など建築物をはじめとする文化財をVR化した「トッパン VR・デジタルアーカイブ」を公開しており，空間や立体構造物のデジタル化に力を入れている。ARでは，専用のマーカーをスマートフォンで読み取ると，カメラに写っている実際の映像に3DCGや動画などを重ねたコンテンツが表示される「AReader」といった無料のスマホアプリを開発。観光ガイドアプリ「旅道」では，提携した観光地で設置されたARマーカーにスマートフォンのカメラをかざすと観光案内が多言語で楽しめるサービスも展開している。

　大日本印刷も2017年3月から本格的にVR事業に参入した。VRコンテンツの制作のほか，パノラマVR制作技術や“VR美術館”システムなど，コンテンツ制作技術の開発も行っている。また，スマートフォンをはめこんでVRコンテンツを楽しめる紙製ヘッドマウントディスプレイ（HMD）の事業では，VR映像へのリアルな没入感を高める新フィルムも開発，ゲーム機器やモバイルメーカーに提供している。ARについては，店内に設置されたタブレット端末に商品をかざすと，外国語に翻訳されたパッケージが端末に表示される店頭用のシステムを開発している。

❖ 映画・テレビの動向

　映画業界では，東宝・東映・松竹の3社が制作と配給で大きな力を持っている。2020年は「劇場版『鬼滅の刃』無限列車編」が大ヒットとなったが，2021年もアニメが業界を牽引。東宝，東映，カラーの共同配給作品であった「シン・エヴァンゲリオン劇場版」は102.8億円の興行収入を記録し，年内首位の作品となった。2022年もアニメ作品のヒット作が続き「ONE PIECE FILM RED」「劇場版 呪術廻戦 0」「すずめの戸締り」など，興行収入100億円を超える作品が相次いだ。

　映画会社は，興行収入のほかにDVDなどのメディアやテレビ放映権などの2次利用まで含めて，安定して利益が得られる仕組みになっている。また，大手3社は都内に不動産も所有しており，その収益が映画事業を支える部分

も大きい。東宝の場合，収益構成は映画が6割程度で，4割は不動産となっている。

　一方，テレビでは，どれだけ見られているかを示す「総世帯視聴率」が年々下落している。ネットやスマートフォンの普及で若者のテレビ離れが進んでおり，各局は「見逃し番組」などのネットでの配信サービスに注力している。民放各局は2015年10月，共同でテレビポータルサイト「TVer（ティーバー）」を開設し，放送後のネット配信をスタートした。しかし，提供番組数の少なさやジャンルの偏りなど，課題も多い。NHKも，テレビ放送を同じ時間にインターネットでも見られる「常時同時配信」サービスを開始している。しかし，このサービスには，地方局の経営圧迫や受信料の問題など課題も多いうえに，放送法の改正も必要であり，民放各社は反発を強めている。

●Apple TV+, Hulu, Netflix, Amazon, AbemaTV, VOD動画配信サービスで激戦

　独自のコンテンツを有料で配信するVOD（Video On Demand＝動画配信）も，続々と始まっている。VODサービスでは，利用者は観たいときにコンテンツを視聴でき，映像の一時停止や巻き戻し，早送りなども可能なため，これまでのレンタルビデオに取って代わるサービスとして利用者が増えている。2022年は巣篭もり需要が一服，国内市場規模は前年比15%増の5305億円となった。

　Hulu（フールー）は，2011年に米国から日本へ進出し，ネットに接続したテレビやPC，スマホなどでドラマやアニメが定額で見放題になるサービスを提供してきたが，2014年2月，日本テレビがHuluを買収して子会社化し，事業を継続している。2006年から動画レンタルサービスを開始していたAmazonも，2011年，プライム会員であれば5000本の映画とテレビ番組が見放題となる定額動画サービスAmazonプライム・ビデオを開始した。2017年7月には，TBS・テレビ東京・WOWOW・日本経済新聞社・電通・博報堂の6社がVODの新会社を設立し，2018年4月より動画配信サービス「Paravi（パラビ）」を開始した。内容は，ドラマ，バラエティなど，テレビ番組が中心となっている。そのほか，世界中で1億人超えの会員を抱える米Netflix（ネットフリックス），Jリーグと10年間の放映権を締結するなどスポーツに特化したダ・ゾーン（英パフォームグループ）といった海外からの参入もあり，ケーブルTV局も含めた競争が激化している。

　そして2019年11月からは，米アップルの「Apple TV+」をスタートさせた。

ハリウッド顔負けの制作・俳優陣を揃え，先行者をどれほど脅かせるか注目が集まっている。

また，VODではないが，2015年，テレビ朝日はサイバーエージェントと組んで無料のインターネットテレビ「AbemaTV」を開設，2016年よりサービスを開始した（一部有料のVODもあり）。元SMAPの3人による72時間生放送や，将棋の藤井聡太四段の対局を生中継するなど，数々の話題を提供している。

動画配信の利用者増を踏まえ，国内電機メーカーも，テレビのリモコンに主要動画配信サービス用のボタンを用意。テレビがネットに接続されていれば，ボタンを押すだけですぐにサービスが視聴できる製品も販売されている。

❖ 音楽の動向

2022年の音楽市場規模は，3073億円と前年をわずかに上回った。コロナ禍で音楽活動が完全にストップしたが，音楽配信やライヴ市場が回復基調を見せている。

●世界の潮流は「ストリーミング」に

日本では音楽ソフト販売が依然多数を占めるが，世界の音楽ビジネスは定額制の聞き放題「ストリーミング」にシフトしている。音楽ストリーミングサービスの世界最大手，スウェーデンの「Spotify（スポティファイ）」の有料会員は1億9500万人を超える。2022年現在，サービス展開国数は183の国と地域，楽曲数が5,000万曲以上あり，日本では2016年9月から配信がスタートしている。Spotifyの特徴は，定額サービスのほかに，広告つき無料プランがあることで，2017年の広告収入は約541億円だった。同社は，2018年2月にニューヨーク証券取引所に上場申請し，4月に上場を果たしている。日本ではこのほか，Apple Music，Amazonプライムミュージック，Google Play Musicなどが配信サービスを行っている。

国内企業では，エイベックス・グループとサイバーエージェントが手掛ける「AWA」，ソニー・ミュージックエンタテインメントとエイベックス・デジタルが中心となって立ち上げた「LINE MUSIC」などが，いずれも2015年からストリーミング配信を開始している。

●世界的にアナログレコードの人気再燃

市場としては小規模だが，アナログレコードの人気が再燃している。2009年ごろには約2億円まで落ち込んだ国内レコード市場が，2017年には19億円にまで回復した。このブームを受けて，ソニー・ミュージックエンタテインメントは，2018年3月にアナログレコードの自社生産を29年ぶりに再開した。このトレンドは世界中で起こっており，レコード市場は，2020年に13億米ドルの価値に達した。今後，2021年から2026年の間に年平均で6.8%の成長を見せると予想されている。

❖ 出版の動向

出版科学研究所によると，2022年の紙の出版物の販売額は前年比7%減の1兆1292億円。とくに漫画の減少幅が18%と大きかった。一方，電子市場は前年比8%増の5013億円まで拡大した。

長引く出版不況のなか，流通の面にも厳しい状況が現れており，2016年には取次中堅の太洋社が倒産し，その影響で芳林堂書店をはじめ15の書店が廃業に追い込まれた。また，大阪屋と栗田出版販売も合併し，大阪屋栗田になるなど，業界の再編が進んでいる。さらに，ネット通販のAmazonは，取次を介さず，出版社から直接本を仕入れる取引を始めており，電子書籍の伸長とあわせ，各取次も紙媒体以外への展開を迫られている。全国の書店数も年々減っており，2000年には22296店あったが，2020年には11024店と，4割以上も少なくなっている。また，地域に新刊本を扱う書店がない自治体も全国で増えており，全国で420の自治体・行政区に書店がなく，その数は全国の約2割に上る。

●「本ではなくライフスタイルを」蔦屋書店の挑戦

厳しい状況が続く出版業界だが，一方で，好調な業績を上げ，出版社の買収など新たな挑戦を続ける企業もある。「TSUTAYA」や「蔦屋書店」を運営するカルチュア・コンビニエンス・クラブ（CCC）である。CCC系列の新刊販売書店は全国に812店舗，2016年の書籍・雑誌の年間販売総額は1308億円となり，22年連続で過去最高額を突破している。また，2015年8月には民事再生手続き中だった美術出版社を傘下におさめ，2017年3月には徳間書店を，12月には主婦の友社を子会社化した。CCCは，系列の店舗

で扱う商品・サービスを自ら開発したいねらいがあり，版元の買収を進めている。

　2017年4月には銀座・松坂屋跡地にオープンした商業施設「GINZA　SIX」に，アートをテーマにした店舗を開設した。この開業に際して，美術出版編集部がオリジナルムックを制作したほか，店舗開発のコンサルティングにもかかわった。創業者の増田宗昭社長は「アマゾンでできることはやらない」「本ではなくライフスタイルを売る」という姿勢で，新たな出版ビジネスに乗り出している。また，その流れから，2018年8月には，日本最大の共創コミュニティ「Blabo!」の運営会社を子会社化した。生活者のライフスタイルが多様化し続けるなか，顧客視点に立った価値あるサービスが求められることから，生活者コミュニティを活用した新しいサービスの創出も目指している。

メディア業界

直近の業界各社の関連ニュースを
ななめ読みしておこう。

NHKドラマに仮想背景、大河9割活用　普及でコスト減も

NHKは仮想背景を使う新しい撮影手法を導入した。現実の被写体と組み合わせスタジオ内で屋外のような映像を撮影できる。まず大河ドラマ「どうする家康」で全面的に採用した。テレビ東京も新手法を報道番組などに使う。

初期費用はかさむが、海外では仮想背景などの活用でコストを3割削減した事例もある。普及が進めばテレビや映像業界で課題となっている長時間労働の是正や、制作コストの削減につながる可能性がある。

NHKはどうする家康の放送時間のうち9割以上を「バーチャルプロダクション（VP）」と呼ぶ技術で撮影した。発光ダイオード（LED）ディスプレーに3次元CG（コンピューターグラフィックス）などで作った映像を映し、その前で演じる俳優と組み合わせて撮影する。

この手法は大勢の人数や大型セット、歴史的建造物などが必要な場面で効果を発揮する。人の移動や確保、セットを組む手間などを省いて撮影時間やコストを抑えられる。

NHKは今回、15万の兵が対峙したとされる「関ケ原の戦い」のシーンなどで使った。合戦シーンの撮影時にカメラの前にいる俳優やエキストラは50〜60人ほど。別途制作した数千人の兵士が攻め込む背景映像を横20メートル、高さ6メートルのディスプレーに流し、その前で演じればスタジオ内で撮影が完結する。

大河ドラマの合戦シーンなどでは従来、ロケが基本だった。2016年放送の「真田丸」の大坂冬の陣の撮影には200人が参加したとされる。

今は予算の制約が強まり、どうする家康の演出統括を担うメディア戦略本部の加藤拓氏によると「（投入できるのは）馬は最大20頭、人は100人」という。VPなら実際の俳優やエキストラの人数が限られていても、CGで数千人規模の兵士を描ける。

撮影現場での長時間労働の是正にもつながる。加藤氏によると、以前は放送時間が1分ほどの爆破シーンの撮影では「朝の3〜4時から準備して本番を撮影したら日が暮れることがあった」という。VPなら爆破テストなどの準備時間を大幅に減らせる。

NHKは埼玉県川口市に新施設を建設中で、こうした効果を見込んでVPを活用した番組制作に対応できるようにする計画という。

（2023年11月21日　日本経済新聞）

Adobe、生成AIで経済圏　著作権守り「数秒でデザイン」

デザインソフト大手の米アドビが、画像の生成AI（人工知能）で経済圏を広げている。3億点以上の画像がある自社サービスをAI学習の強みにし、簡単にデザインを生成できる新機能を既存ソフトに入れる。学習素材を提供したクリエーターへの報酬制度も設け、画像の生成AIで問題となる著作権の保護を鮮明にし、独自のエコシステム（生態系）をつくる。

「全ての人にクリエーティビティー（創造性）を提供する時代を再び切り開く」。10月、米ロサンゼルスでのクリエーター向けのイベントで、アドビのシャンタヌ・ナラヤン最高経営責任者（CEO）はこう宣言した。会場で約1万人が歓声をあげたのは、画像を自動でつくる生成AI「ファイアフライ」の第2世代が公開されたときだ。

ファイアフライは日本語を含む100以上の言語に対応し、「絵本を読む犬」などと描きたいものを文章で入れると、数秒で画像ができあがる。第2世代は浮世絵や水彩画など好みの参照画像を選ぶだけで、イメージに沿う画像が生成される。

詳細なプロンプト（指示文）を書く技術や手間がいらなくなり、10月から提供を始めた。アドビのソフトを約20年使っているアーティストのアナ・マックノートさんは「イメージを手軽に可視化でき、スケッチを描いていた頃よりもアイデアが10倍に増えた」と喜ぶ。

画像分野の生成AIは、英スタビリティーAIのオープンソースのモデルが先行し、米新興のミッドジャーニーやオープンAIも提供する。

ただし、AI学習に使われるコンテンツの著作権侵害が問題視され、「Chat（チャット）GPT」など文章の生成AIほどは普及していない。写真・映像販売の米ゲッティイメージズは、同社の写真を許可なく学習・改変したとして、ス

タビリティーAIを著作権の侵害で訴えた。

後発のアドビは、生成画像を企業が安心して広告などに利用できるよう、著作権問題の克服を最優先にAIを開発した。学習にはアドビが権利を持つか、著作権が失効した素材だけを使う。

それでも膨大なAI学習を可能にしたのが、3億点以上の素材を集めた画像提供サービス「アドビストック」だ。アドビは写真やイラストの作成者に使用料を払い、一般の人に素材として販売してきた。今回、素材がAI学習に使われると、作品数や人気に応じてクリエーターに報酬を払う新たな制度も導入した。

ファイアフライの第1世代は3月に試験的に公開され、既に30億点以上の画像が生成された。アドビのサブスクリプション（定額課金）プランの契約者は、写真編集の「フォトショップ」などの各ソフトで利用できる。狙いは生成AIを軸に、自社ソフトの利用や独自素材を拡張することだ。

1982年創業の同社は、興亡が激しいシリコンバレーで「老舗」といえる。PDFの閲覧・編集ソフト「Acrobat（アクロバット）」は誕生から30年を迎えた。

2007年にCEOに就いたナラヤン氏はパッケージ版ソフトから、クラウド経由のサービスに全面移行した。サブスクへの早い転換で、足元の株価は10年間で約10倍に膨らんだ。23年6〜8月期の売上高は前年同期比10％増で、純利益は24％増だった。サブスク売上高が約46億ドル（約6900億円）と前年同期を12％上回り、生成AIを成長の柱に据える。

（2023年11月2日　日本経済新聞）

ネット広告復調、メタ純利益2.6倍　迫るAmazonの影

インターネット広告の復調が鮮明になってきた。グーグル親会社のアルファベットとメタが25日までに発表した2023年7〜9月期決算はともに増収増益となり、景気減速の懸念を払拭しつつある。ただ、米アマゾン・ドット・コムなどが広告のシェアを拡大し、米2強が主導してきた競争の構図に影響を与える可能性もでてきた。

「広告の売上高の増加には電子商取引（EC）が大きく貢献し、消費財やゲームも好調だった」。メタのスーザン・リー最高財務責任者（CFO）は25日の決算説明会で強調した。7〜9月期の売上高は前年同期比23％増の341億4600万ドル（約5兆1200億円）に達し、四半期で過去最高を更新。リストラ効果

も加わり、純利益は2.6倍に増えた。

24日に同四半期の決算を発表したアルファベットも同様だ。クラウドコンピューティング事業の売上高が市場予想に届かなかったことなどが嫌気されて25日の米株式市場で株価は前日比約10%下落したが、「本業」に当たる広告の業績は好転している。同事業の7～9月期の売上高は前年同期比9%増え、増収率は前の四半期の3%から上昇した。

背景にはネット広告市況の回復がある。米広告大手、インターパブリック・グループ傘下の調査会社マグナは9月、23年の米ネット広告市場の前年比成長率を7.9%から9.6%に上方修正した。マグナ幹部は「半年前、メディア産業は不況に身構えていたが、広告主は冷静に投資を続けた」と説明する。

同社は24年の市場見通しも上方修正したが、2強に限ってみるとシェアは微減傾向が続く。米インサイダー・インテリジェンスによると、グーグルとメタの米市場におけるシェアの合計は19年に53%を上回っていたが、23年は46%台まで低下。24年はさらに減少すると予想している。

両社のシェアを奪う形で成長しているのがアマゾンなどのEC企業だ。同社サイトに広告を掲載している企業の幹部は「商品の購入意欲がある人がアマゾンのサイトを訪問するため広告効果が高い」と評価する。動画配信サービスや食品スーパーの店頭などグループ内に広告媒体として使える「スペース」を多く抱えることも強みだ。

同社の広告の売上高は過去8四半期にわたって前年同期比20%以上の成長を続け、7～9月期は140億ドルに迫る見通しだ。メタの4割強の水準になる。インサイダー・インテリジェンスは小売り最大手の米ウォルマートと食品宅配サービスのインスタカートを加えた「リテールメディア」は24年に米ネット広告市場で16%のシェアを握ると予想する。

アマゾンの成功にならう動きも相次ぐ。料理宅配やライドシェアを手がける米ウーバーテクノロジーズは22年に広告部門を立ち上げ、24年に売上高を10億ドルに引き上げる目標を掲げている。同社はテニスの全米オープンの会場に向かうライドシェアの利用者にテニスウエアを手がける仏ラコステの広告を配信するといった取り組みで成果を上げた。

新興勢に共通するのは、独自の顧客基盤や広告に活用できるサイトなどのスペースを持っていることだ。世界的にプライバシー保護の流れが強まり、サードパーティークッキーなどの技術を使ってウェブ空間で消費者を縦横無尽に追い回すことも難しくなっている。単独で会員の購買履歴や位置情報を入手できる企業には追い風となる。

現在、米2強のシェア下落のペースは緩やかだが、パイの大きな拡大が見込みづらくなるなか、逆風であることに変わりはない。グーグルは得意とする生成AI（人工知能）を活用した衣料品のバーチャル試着機能を検索サービスに組み込むなど、EC強化に動く。アマゾンをはじめとする新勢力の伸長は、従来の枠組みを超えた競争を生みつつある。

（2023年10月26日　日本経済新聞）

ニュース対価の算定根拠開示を　公取委がヤフーやLINEに

公正取引委員会は21日、ニュース配信サービスを運営するヤフーなどIT（情報技術）大手に対し、メディアに支払うニュース記事使用料の算定根拠の開示を求める調査報告書をまとめた。使用料が著しく低い場合は、独占禁止法違反になり得るとの考えも示した。

配信サービスはメディアから記事提供を受け、対価として使用料をメディアに支払う。公取委は2022年秋から、ヤフーニュースやLINEニュース、グーグルの「ニュースショーケース」など大手7社のサービスを調べた。メディア側には新聞社やテレビ局など200社超にアンケートを実施した。

公取委はメディアが配信サービスへの依存度を年々高め、消費者も配信サービス経由で記事に触れることが多いと分析。特に市場シェアが大きいヤフーニュースはメディアに対し優越的地位にある可能性を指摘した。

調査したメディアの6割は、記事使用料の算定根拠が不透明で、金額が低いことに不満を持っていた。例えば、ヤフーニュースでは閲覧数あたりの単価の根拠が不明確との声や、グーグルでは、メディアごとに金額を算定する仕組みが不透明だとする意見があった。

公取委は配信サービス側に、金額の根拠や算定方法を「可能な限りメディアに開示することが望ましい」との考え方を示した。著しく低い使用料にした場合などは独禁法が禁じる優越的地位の乱用に当たると説明した。

一方で公取委はメディア側にもIT大手と「もっと交渉をする余地がある」と注文をつけた。交渉材料として、公取委が独自に調べた記事使用料の「相場」も公開した。IT大手がメディアに支払う記事使用料は閲覧数1000件あたり平均124円だった。メディアごとに49円から251円まで大きな幅があった。

メディアが自社サイト上の記事から得られる広告収入は、閲覧数1000件あたり平均352円で記事使用料のほうが低い。公取委が取引金額に関する水準を

具体的に示すのは異例だ。公取委としてIT大手とメディアの交渉を後押しする。

（2023年9月21日　日本経済新聞）

Twitter、動画広告に活路　ヤッカリーノCEO就任1カ月

ツイッターの運営会社が本格的に収益モデルの再構築に動き出した。かつて売上高の9割を支えた広告が米国で約6割減る中、動画などを通じた新たな広告モデルやアプリの機能強化を模索する。就任から1カ月が経過したリンダ・ヤッカリーノ最高経営責任者（CEO）は、1年足らずで3分の1近くまで減少した企業価値を高め、広告主・利用者離れを引き戻す重責も担う。

「ツイッターのコミュニティーを築いたのはあなただ。そしてこれは代替できない。ここはあなたの公共の広場だ」。ヤッカリーノ氏は就任から1カ月となるタイミングで、米メタが対抗する短文投稿アプリ「Threads（スレッズ）」を開始したのを意識してか、ツイッター上で利用者にこう呼びかけた。

ヤッカリーノ氏は6月の就任直後にも、従業員や利用者に向け「世界の交流のためのタウンスクエア（町の広場）になる」と表明した。公共性を示す「広場」という言葉を多用することで、広告主への配慮をにじませた。

米メディア大手NBCユニバーサル（NBCU）出身のヤッカリーノ氏は広告販売やマーケティング戦略を長年取りまとめてきた。業界団体のトップを務める経験も持ち、大手広告主と太いパイプを持つ。屋台骨の広告立て直しを一身に背負う。

ヤッカリーノ氏がカギとみているのが動画をはじめとする新しいメディアの形だ。ツイッターは運営会社を「X社」と改め、ビデオ通話や決済、電子商取引（EC）といったあらゆる機能を集めた「スーパーアプリ」化を進めている。

ツイッターはすでに動画共有アプリ「TikTok（ティックトック）」風の縦型動画機能を取り入れている。英紙フィナンシャル・タイムズによると、ショート動画に対応した新たな動画広告も検討しているという。

ヤッカリーノ氏はNBCUで広告付きで無料視聴できる動画サービス「ピーコック」にも関わってきた。こうした知見をツイッターでも取り入れようとしている。就任直後は他社への営業秘密漏洩を防ぐ競業避止もあり、表だって広告主との折衝が難しかったようだ。今後はメディア企業との会合を通じ、著名人やコンテンツのクリエーターを呼び込み、企業からの収益増を狙う。

（2023年7月9日　日本経済新聞）

インスタグラムやFacebookにサブスク　メタ、月2000円

米メタは19日、画像共有アプリのインスタグラムやSNS（交流サイト）のフェイスブックでサブスクリプション（継続課金）型のサービスを始めると発表した。料金は円換算で月2000円程度に設定し、他人によるなりすましの防止や投稿を人目に触れやすくするといったサービスを提供する。

新サービス「Meta Verified（メタ・ベリファイド）」を始める。まず、今週後半にオーストラリアとニュージーランドで試験提供を始め、各地に広げるとしている。料金は米アップルや米グーグルのスマートフォンから申し込んだ場合は月14.99ドル（約2000円）、ウェブサイトからは11.99ドルとする。

メタは新サービスの利用者から免許証などの公的な身分証明書の提出を受け、本人確認したアカウントに青色のチェックマークを付ける。アカウントの監視も通常より強め、なりすましを防ぐとしている。また、有人の問い合わせ対応窓口の利用や、投稿の優先的な表示といったサービスも提供する。

マーク・ザッカーバーグ最高経営責任者（CEO）は19日、フェイスブックへの投稿で「（新サービスにより）当社のサービス全体の信頼性や安全性を高める」と述べた。また、同社は「（新サービスにより）クリエーターが存在感を高め、コミュニティーを構築するのを早められるようにしたい」と説明した。

SNSの有料サービスでは米ツイッターが先行し、2021年に米国などで「ブルー」を始めた。22年10月に米起業家のイーロン・マスク氏が同社を買収すると有料サービスの強化を経営立て直しに向けた主要な取り組みのひとつと位置づけ、内容の見直しに乗り出した。料金を引き上げ、認証済みアカウントへのチェックマークの付与をサービスに含めている。

両社は売上高に占めるインターネット広告の割合が高く、ネット広告市場が成熟して競争が厳しくなるなか、収益源の拡大が課題だ。ただ、米メディアのジ・インフォメーションによると、米国におけるツイッターの有料サービスの契約者は1月中旬時点で18万人にとどまる。月間利用者の0.2％以下で、利用者がどの程度受け入れるかは不透明だ。

（2023年2月20日　日本経済新聞）

現職者・退職者が語る メディア業界の口コミ

※編集部に寄せられた情報を基に作成

▶ 労働環境

職種：営業　　年齢・性別：20代後半・女性

・担当クライアントや業種にもよりますが，全体的に残業は多いです。
・突発的な事態が起きて，深夜まで対応に追われることもしばしば。
・休日であっても，電話やメールで仕事の連絡は普通に来ます。
・毎日定時にというのは，基本的にありえません。

職種：法人営業　　年齢・性別：20代後半・男性

・研修制度やキャリア開発に対して環境が非常に整っています。
・課長研修や部長研修など，役職のある人間向けの研修もあります。
・若手が1年間海外支社に赴任する制度というのもあります。
・チャレンジジョブ制度もあり，1～2割の人の希望が叶っています。

職種：法人営業　　年齢・性別：20代後半・男性

・毎月のように研修があり，スキルアップできる環境が整っています。
・社内公募制や年に1度の社内面談で勤務地や職種を変えられます。
・営業は忙しいため，なかなか研修に参加できないこともあります。
・スタッフ系の職種の人の方が研修に参加する率は高いようです。

職種：マーケティング　　年齢・性別：30代前半・男性

・残業は，多い月は100時間という月もありますが，均すと60時間程度で，忙しい時期と落ち着いている時期の，仕事量の差が大きいです。
・落ち着いている時は，夜飲みに行くこともできます。
・休日出勤はほとんどありませんが，部署によってはあるところも。

▶福利厚生

職種：法人営業　　年齢・性別：20代後半・男性

・独身に限り借り上げ賃貸がありますが，結婚後の手当はありません。
・全国異動の可能性があるため，住宅手当がゼロは厳しいです。
・保養所は充実していますが，利用しやすい地域は限定されています。
　残業は80時間程度で，得意先によっては休日出勤も当たり前に。

職種：法人営業　　年齢・性別：20代後半・男性

・福利厚生は持株会，財形等，大手の企業と同様に一通りあります。
・保養所が各地にあって，結構充実しています。
・本社周辺に勤務の場合は社員食堂があり，かなり安く食べられます。
・住宅補助はほとんどありません。

職種：機械関連職　　年齢・性別：30代後半・男性

・30歳までは社員寮に1万円で入れますが，社宅はありません。
・子供手当は1人2万円，住宅手当は4000円～1万円程度あります。
・休暇制度は充実しており，年末年始以外にも特別休暇があります。
・ほとんど使われていませんが，希望する人には留学制度もあります。

職種：法人営業　　年齢・性別：20代後半・女性

・福利厚生はかなり充実していると思います。
・残業で帰れない社員用に，24時以降泊まれる宿泊所があります。
・旅行も指定代理店を通すと，補助が出てタダで泊まれることも。
・福利厚生について把握してない人も多いですが，かなり便利です。

▶仕事のやりがい

職種：法人営業　　年齢・性別：30代後半・男性

- 専門スタッフが揃っており，大きい組織ならではの提案が可能な点。
- 印刷物や映像制作，キャンペーン運営など幅広い仕事に携われます。
- プロデューサーとして活躍出来ることに仕事の魅力を感じます。
- 人同士の連携で仕事が成り立つためか，社風はやや体育会系です。

職種：法人営業　　年齢・性別：20代後半・男性

- 得意先と一緒に商品を作り上げていくことにやりがいを感じます。
- 営業を中心に他部署も巻き込んでの案件は非常に面白みがあります。
- 実際には社内各部署との調整業務など地味な仕事も多いですが。
- 既存の商品の売り込みではない営業スタイルは気に入っています。

職種：法人営業　　年齢・性別：20代後半・男性

- 面白いところは，非常に幅広い商材・ソリューションを扱える点。
- 得意先もほとんど全ての会社を相手にできる環境があります。
- 営業としてのフィールド・可能性はとても広い会社だと思います。
- 会社の総合力を発揮して提案・解決できる面白さは大きいです。

職種：法人営業　　年齢・性別：30代後半・男性

- 営業力の大きさそのものがやりがいと言えるでしょう。
- 自分の仕事がメディアに取り上げられると理屈抜きで面白いです。
- 自分の企画したものが社会的に認められた時の達成感は大きいです。
- クライアントの課題解決に寄与した時，素直に喜びを感じます。

▶ ブラック？ホワイト？

職種：生産技術・生産管理・プロセス開発（半導体）　年齢・性別：30代後半・男性

- 得意先にもよりますが，終業時刻近くから仕事が入り始めます。
- 納期フォローに時間を取られ，恒常的に残業が多いです。
- 休日も携帯電話に連絡が入るため常に仕事に追われている印象。
- ただ，部署や得意先との人間関係は良好で，残業代も全額出ます。

職種：法人営業　　年齢・性別：30代後半・男性

- ワークライフバランスは非常に調整しにくいです。
- どれだけ汗をかいたかで評価されるため，長時間勤務が増えます。
- プライベート重視の人は閑職に異動させられる場合もあります。
- 繁忙期は終電帰りやタクシー帰りが続き，飲み会の機会も多いです。

職種：マーケティング関連職　　年齢・性別：30代前半・男性

- クライアント次第なので，突然ものすごい業務量になることも。
- 猛烈に業務をこなす上司と仕事を組むことになると大変です。
- 働いている社員とそうでない社員がはっきり分かれています。
- 働かない社員の方が割のいい社員生活を送れているのが何とも。

職種：財務　　年齢・性別：20代後半・男性

- 仕事を突き詰めようとすればいくらでも残業が出来る環境です。
- 一度業務遂行能力が評価されると，次々と仕事が舞い込むことに。
- ワークライフバランスを求める人には厳しい職場かと。
- 深夜0時にいつも同じ面子が机にかじりついているという状態に。

▶女性の働きやすさ

職種：企画営業　　年齢・性別：20代後半・女性

- 出産休暇，育児休暇をとって復帰する人も少なくありません。
- 復帰したあとは，時短勤務などの制度も利用できます。
- 営業や企画の部署で時短で帰るのは相当の努力が必要ですが。
- ぎりぎりまでハードな勤務をし，出産休暇を取る方が多いようです。

職種：営業　　年齢・性別：20代後半・女性

- まだまだ男性社会のため，部長クラスでは女性は少ないです。
- 派遣社員や契約社員，若手社員の女性の割合は高めだと思います。
- 上のポジションにいくと，女性の割合はぐっと減ってきます。
- 営業や媒体など，長時間拘束となる部門は女性は特に少ないです。

職種：経営企画　　年齢・性別：30代後半・男性

- 産休育休を取る女性は多く，復帰後も元の部署へ戻る人が大半です。
- 時短制度を利用しながら働き続ける人も多くいます。
- 出産が女性のキャリアアップに不利になることはないかと思います。
- 女性の感性が必要な業務も多いので，働きやすい環境だと思います。

職種：アカウントエクゼグティブ　　年齢・性別：20代後半・女性

- 産休・育休の制度を利用しての現職復帰は実質厳しいです。
- 営業部の場合，クライアントに合わせるため時間が非常に不規則。
- 営業部はプライベートの時間をコントロールしにくいと思います。
- 出産後の女性は管理部門へ異動し時短勤務をするケースが多いです。

▶ 今後の展望

職種：法人営業　　年齢・性別：20代後半・男性

・近年メディア露出も増え，働きやすい企業として紹介されることも。
・メディアの影響か，優秀な人材が男女共に多く入社してきています。
・競争を勝ち抜いた元気のある若手が多いからか，皆活気があります。
・優秀な若手女性も多いため，管理職層に押し上げる動きがあります。

職種：法人営業　　年齢・性別：20代後半・女性

・プライベートと仕事を両立するのは正直難しい職場ですが，時間を上手に使って両立している人がいるのも事実です。
・最近は会社もワークライフバランスの改善を考えているようです。
・今後は，労働環境も大きく変わってくるのではないかと思います。

職種：マーケティング関連職　　年齢・性別：50代前半・男性

・最近では管理職として活躍している女性が目立ってきました。
・かつては男性中心の職場というイメージがありましたが。
・戦力として女性が不可欠という認識に会社側も変わってきており，女性役員の登場も間近だと思います。

職種：一般事務　　年齢・性別：30代後半・男性

・新しいことをどんどんやるので，とても面白い会社だと思います。
・最近は好調なWeb事業への経営資源の割り振りが増えています。
・既存事業への割り振りは控えめになってきているようですが。
・今後も会社の仕事の幅は更に広がっていくと思います。

メディア業界　国内企業リスト（一部抜粋）

会社名	本社住所
日本工営株式会社	東京都千代田区麹町 5 丁目 4 番地
株式会社ネクスト	東京都港区港南二丁目 3 番 13 号 品川フロントビル
株式会社日本 M&A センター	東京都千代田区丸の内 1-8-3 丸の内トラストタワー本館 19 階
株式会社ノバレーゼ	東京都中央区銀座 1-8-14 銀座 YOMIKO ビル 4F
株式会社アコーディア・ゴルフ	東京都渋谷区渋谷 2 丁目 15 番 1 号 渋谷クロスタワー
株式会社タケエイ	東京都港区芝公園 2-4-1 A-10 階
株式会社パソナグループ	東京都千代田区大手町 2-6-4
株式会社リンクアンドモチベーション	東京都中央区銀座 3-7-3 銀座オーミビル
GCA サヴィアン株式会社	東京都千代田区丸の内 1-11-1 パシフィックセンチュリープレイス丸の内 30 階
株式会社エス・エム・エス	東京都港区芝公園 2-11-1 住友不動産芝公園タワー
テンプホールディングス株式会社	東京都渋谷区代々木 2-1-1
株式会社リニカル	大阪市淀川区宮原 1 丁目 6 番 1 号 新大阪ブリックビル 10 階
クックパッド株式会社	東京都港区白金台 5-12-7
株式会社エスクリ	東京都港区南青山 3-2-5 南青山シティビル
アイ・ケイ・ケイ株式会社	佐賀県伊万里市新天町 722 番地 5
株式会社学情	大阪市北区梅田 2-5-10 学情梅田コンパス
株式会社 スタジオアリス	大阪市北区梅田 1 丁目 8 番 17 号 大阪第一生命ビル 7F
シミックホールディングス株式会社	東京都品川区西五反田 7-10-4
NEC フィールディング株式会社	東京都港区三田一丁目 4 番 28 号
綜合警備保障株式会社	東京都港区元赤坂 1-6-6
株式会社カカクコム	東京都渋谷区恵比寿南 3 丁目 5 番 7 号 恵比寿アイマークゲート（代官山デジタルゲートビル）
株式会社アイロムホールディングス	東京都千代田区富士見 2-14-37 富士見イースト

会社名	本社住所
株式会社ルネサンス	東京都墨田区両国 2-10-14 両国シティコア 3 階
株式会社オプト	東京都千代田区四番町 6 東急番町ビル
株式会社 新日本科学	東京都中央区明石町 8-1 聖路加タワー 12 階
株式会社ツクイ	横浜市港南区上大岡西 1 丁目 6 番 1 号 ゆめおおおかオフィスタワー 16 階
株式会社綜合臨床ホールディングス	東京都新宿区西新宿二丁目 4 番 1 号 新宿 NS ビル 13 階
株式会社キャリアデザインセンター	東京都港区赤坂 3-21-20 赤坂ロングビーチビル
エムスリー株式会社	東京都港区赤坂 1 丁目 11 番 44 号 赤坂インターシティ 10 階
株式会社ベストブライダル	東京都渋谷区東 3 丁目 11 番 10 号恵比寿ビル 5F, 7F, 8F
日本 ERI 株式会社	港区赤坂 8 丁目 5 番 26 号 赤坂 DS ビル
株式会社アウトソーシング	東京都千代田区丸の内 1-8-3 丸の内トラストタワー本館 5F
株式会社ディー・エヌ・エー	東京都渋谷区渋谷 2-21-1 渋谷ヒカリエ
株式会社博報堂ＤＹホールディングス	東京都港区赤坂 5 丁目 3 番 1 号 赤坂 Biz タワー
株式会社ぐるなび	東京都千代田区有楽町 1-2-2 東宝日比谷ビル 6F
株式会社 一休	東京都港区赤坂 3-3-3 住友生命赤坂ビル 8F
ジャパンベストレスキューシステム株式会社	愛知県名古屋市昭和区鶴舞二丁目 17 番 17 号 ベルビル 2F
ジェイコムホールディングス株式会社	大阪市北区角田町 8 番 1 号梅田阪急ビルオフィスタワー 19 階
PGM ホールディングス株式会社	東京都港区高輪一丁目 3 番 13 号ＮＢＦ高輪ビル
バリューコマース株式会社	東京都港区赤坂 8-1-19 日本生命赤坂ビル 5F
株式会社 JP ホールディングス	名古屋市東区葵 3-15-31 住友生命千種ニュータワービル 17F
イーピーエス株式会社	東京都新宿区下宮比町 2-23 つるやビル
株式会社 アミューズ	東京都渋谷区桜丘町 20 番 1 号
株式会社 ドリームインキュベータ	東京都千代田区霞が関 3-2-6 東京倶楽部ビルディング 4F
ＴＡＣ株式会社	東京都千代田区三崎町 3-2-18

会社名	本社住所
ケネディクス株式会社	東京都中央区日本橋兜町 6-5 KDX 日本橋兜町ビル
株式会社 電通	東京都港区東新橋 1-8-1
株式会社テイクアンドギヴ・ニーズ	東京都品川区東品川二丁目 3 番 12 号 シーフォートスクエアセンタービル 17 階
ぴあ株式会社	東京都渋谷区東 1-2-20 渋谷ファーストタワー
株式会社イオンファンタジー	千葉県千葉市美浜区中瀬 1 丁目 5 番地 1
株式会社ネクシィーズ	東京都渋谷区桜丘町 20-4 ネクシィーズ スクエアビル
みらかホールディングス株式会社	東京都新宿区西新宿 2-1-1 新宿三井ビルディング 8F
株式会社 アルプス技研	神奈川県横浜市西区みなとみらい 2-3-5 クイーンズタワー C 18 階
株式会社サニックス	福岡市博多区博多駅東 2 丁目 1 番 23 号
株式会社ダイオーズ	東京都港区浜松町 2-4-1 世界貿易センタービル 23 階
日本空調サービス株式会社	名古屋市名東区照が丘 239 番 2
株式会社オリエンタルランド	千葉県浦安市舞浜 1 番地 1
株式会社ダスキン	大阪府吹田市豊津町 1 番 33 号
株式会社明光ネットワークジャパン	東京都新宿区西新宿 7 丁目 20 番 1 号（住友不動産西新宿ビル 29F/30F（受付 30F））
株式会社ファルコ SD ホールディングス	京都市中京区河原町通二条上る清水町 346 番地
株式会社　秀英予備校	静岡県静岡市葵区鷹匠 2 丁目 7-1
株式会社田谷	東京都渋谷区神宮前二丁目 18 番 19 号
株式会社ラウンドワン	大阪府堺市堺区戎島町四丁 45 番地 1 堺駅前ポルタスセンタービル
リゾートトラスト株式会社	名古屋市中区東桜 2-18-31
株式会社ビー・エム・エル	東京都渋谷区千駄ヶ谷五丁目 21 番 3 号
ワタベウェディング株式会社	京都市下京区烏丸通仏光寺上る二帖半敷町 671 番地
株式会社もしもしホットライン	東京都渋谷区代々木 2-6-5
株式会社リソー教育	東京都豊島区目白三丁目 1 番地 40 号

会社名	本社住所
株式会社早稲田アカデミー	東京都豊島区池袋二丁目 53 番 7 号
株式会社ユー・エス・エス	愛知県東海市新宝町 507 番地の 20
株式会社東京個別指導学院	東京都中央区佃 1-11-8 ピアウエストスクエア 2 階
株式会社 テー・オー・ダブリュー	東京都港区虎ノ門四丁目 3 番 13 号 ヒューリック神谷町ビル
セントラルスポーツ株式会社	東京都中央区新川 1-21-2 茅場町タワー
株式会社フルキャスト ホールディングス	東京都品川区西五反田 8-9-5 ポーラ第 3 五反田ビル 12 階
リゾートソリューション株式会社	東京都新宿区西新宿 6-24-1
株式会社リブセンス	東京都品川区上大崎 2-25-2 新目黒東急ビル 5F
ジャパンマテリアル株式会社	三重県三重郡菰野町永井 3098 番 22
株式会社リロ・ホールディング	東京都新宿区新宿四丁目 3 番 23 号
株式会社エイチ・アイ・エス	東京都新宿区西新宿 6-8-1 新宿オークタワー 29 階
株式会社 共立メンテナンス	東京都千代田区外神田 2-18-8
株式会社イチネン ホールディングス	大阪市淀川区西中島四丁目 10 番 6 号
株式会社　建設技術研究所	東京都中央区日本橋浜町 3-21-1 （日本橋浜町 F タワー）
株式会社スペース	東京都中央区日本橋人形町 3-9-4
燦ホールディングス株式会社	東京都港区南青山 1-1-1 新青山ビル西館 14F
スバル興業株式会社	東京都千代田区有楽町一丁目 10 番 1 号
東京テアトル株式会社	東京都中央区銀座 1-16-1
株式会社よみうりランド	東京都稲城市矢野口 4015 番地 1
東京都競馬株式会社	東京都大田区大森北一丁目 6 番 8 号
常磐興産株式会社	福島県いわき市常磐藤原町蕨平 50 番地
株式会社 カナモト	北海道札幌市中央区大通東 3 丁目 1 番地 19
株式会社東京ドーム	東京都文京区後楽 1 丁目 3 番 61 号
西尾レントオール株式会社	大阪府大阪市中央区東心斎橋 1-11-17

会社名	本社住所
株式会社アゴーラ・ホスピタリティー・グループ	東京都港区虎ノ門 5-2-6 虎ノ門第２ワイコービル 7F
トランスコスモス株式会社	東京都渋谷区渋谷 3-25-18
株式会社乃村工藝社	東京都港区台場２丁目３番４号
藤田観光株式会社	東京都文京区関口 2-10-8
ＫＮＴ－ＣＴホールディングス株式会社	東京都千代田区東神田 1-7-8 東神田フコク生命ビル
日本管財株式会社	兵庫県西宮市六湛寺町９番 16 号
株式会社トーカイ	岐阜市若宮町９丁目 16 番地
株式会社白洋舎	東京都渋谷区神山町４番 14 号
セコム株式会社	東京都渋谷区神宮前１丁目５番１号
セントラル警備保障株式会社	新宿区西新宿二丁目４番１号新宿 NS ビル
株式会社丹青社	東京都台東区上野５丁目２番２号
株式会社メイテック	東京都港区赤坂 8-5-26 赤坂 DS ビル
株式会社アサツー ディ・ケイ	東京都中央区築地一丁目 13 番１号
応用地質株式会社	東京都千代田区神田美土代町７番地
株式会社船井総合研究所	大阪市中央区北浜 4-4-10
株式会社　進学会	北海道札幌市白石区本郷通１丁目北１番 15 号
株式会社ベネッセホールディングス	岡山市北区南方 3-7-17
イオンディライト株式会社	大阪市中央区南船場 2-3-2 南船場ハートビル
株式会社ナック	東京都新宿区西新宿 1-25-1
株式会社 ニチイ学館	東京都千代田区神田駿河台２丁目９番地
株式会社ダイセキ	名古屋市港区船見町１番地 86
株式会社ステップ	神奈川県藤沢市藤沢６０２

第**3**章

就職活動のはじめかた

入りたい会社は決まった。しかし「就職活動とはそもそ
も何をしていいのかわからない」「どんな流れで進むか
わからない」という声は意外と多い。ここでは就職活
動の一般的な流れや内容，対策について解説していく。

▶就職活動のスケジュール

3月	**4**月	**6**月

就職活動スタート

> 2025年卒の就活スケジュールは,経団連と政府を中心に議論され,2024年卒の採用選考スケジュールから概ね変更なしとされている。

エントリー受付・提出

OB・OG訪問

> 企業の説明会には積極的に参加しよう。独自の企業研究だけでは見えてこなかった新たな情報を得る機会であるとともに,モチベーションアップにもつながる。また,説明会に参加した者だけに配布する資料などもある。

合同企業説明会　　個別企業説明会

筆記試験・面接試験等始まる（3月〜）

内々定（大手企業）

2月末までにやっておきたいこと

就職活動が本格化する前に,以下のことに取り組んでおこう。

　◎自己分析　　◎インターンシップ　　◎筆記試験対策

　◎業界研究・企業研究　　◎学内就職ガイダンス

自分が本当にやりたいことはなにか,自分の能力を最大限に活かせる会社はどこか。自己分析と企業研究を重ね,それを文章などにして明確にしておき,面接時に最大限に活用できるようにしておこう。

月　　　　　　　　**8月**　　　　　　　　**10月**

中 小 企 業 採 用 本 格 化

内定者の数が採用予定数に満た
ない企業，1年を通して採用を継
続している企業，夏休み以降に採
用活動を実施企業（後期採用）は
採用活動を継続して行っている。
大企業でも後期採用を行っている
こともあるので，企業から内定が
出ても，納得がいかなければ継続
して就職活動を行うこともある。

中小企業の採用が本格化するのは大手
企業より少し遅いこの時期から。HP
などで採用情報をつかむとともに，企
業研究も怠らないようにしよう。

内々定とは10月1日以前に通知（電話等）
されるもの。内定に関しては現在協定があり，
10月1日以降に文書等にて通知される。

内々定（中小企業）　　　　　内定式（10月〜）

どんな人物が求められる？

多くの企業は，常識やコミュニケーション能力があり，社会のできごと
に高い関心を持っている人物を求めている。これは「会社の一員とし
て将来の企業発展に寄与してくれるか」という視点に基づく，もっとも
普遍的な選考基準だ。もちろん，「自社の志望を真剣に考えているか」
「自社の製品，サービスにどれだけの関心を向けているか」という熱
意の部分も重要な要素になる。

就活ロールプレイ！

STEP 1　就職活動のスタート

内定までの道のりは，大きく分けると以下のようになる。

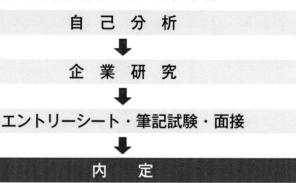

自 己 分 析

企 業 研 究

エントリーシート・筆記試験・面接

内 定

01 まず自己分析からスタート

就職活動とは，「企業に自分をPRすること」。自分自身の興味，価値観に加えて，強み・能力という要素が加わって，初めて企業側に「自分が働いたら，こういうポイントで貢献できる」と自分自身を売り込むことができるようになる。

■自分の来た道を振り返る

自己分析をするための第一歩は，「振り返ってみる」こと。

小学校，中学校など自分のいた"場"ごとに何をしたか（部活動など），何を学んだか，交友関係はどうだったか，興味のあったこと，覚えている印象的なことを書き出してみよう。

■テストを受けてみる

"自分では気がついていない能力"を客観的に検査してもらうことで，自分に向いている職種が見えてくる。下記の5種類が代表的なものだ。

①職業適性検査　　②知能検査　　③性格検査

④職業興味検査　　⑤創造性検査

■先輩や専門家に相談してみる

　就職活動をするうえでは，"いかに他人に自分のことをわかってもらうか"が重要なポイント。他者の視点で自分を分析してもらうことで，より客観的な視点で自己PRができるようになる。

自己分析の流れ

❑過去の経験を書いてみる

❑現在の自己イメージを明確にする…行動，考え方，好きなものなど。

❑他人から見た自分を明確にする

❑将来の自分を明確にしてみる…どのような生活をおくっていたいか。期待，夢，願望。なりたい自分はどういうものか，掘り下げて考える。→自己分析結果を，志望動機につなげていく。

企業の情報を収集する

01 企業の絞り込み

　志望企業の絞り込みについての考え方は大きく分けて2つある。

　第1は，同一業種の中で1次候補，2次候補……と絞り込んでいく方法。

　第2は，業種を1次，2次，3次候補と変えながら，それぞれに2社程度ずつ絞り込んでいく方法。

　第1の方法では，志望する同一業種の中で，一流企業，中堅企業，中小企業，縁故などがある歯止めの会社……というふうに絞り込んでいく。

　第2の方法では，自分が最も望んでいる業種，将来好きになれそうな業種，発展性のある業種，安定性のある業種，現在好況な業種……というふうに区別して，それぞれに適当な会社を絞り込んでいく。

02 情報の収集場所

　・キャリアセンター

　・新聞

　・インターネット

　・企業情報

　『就職四季報』（東洋経済新報社刊），『日経会社情報』（日本経済新聞社刊）などの企業情報。この種の資料は本来“株式市場”についての資料だが，その時期の景気動向を含めた情報を仕入れることができる。

　・経済雑誌

　『ダイヤモンド』（ダイヤモンド社刊）や『東洋経済』（東洋経済新報社刊），『エコノミスト』（毎日新聞出版刊）など。

　・OB・OG／社会人

①成長力

まず"売上高"。次に資本力の問題や利益率などの比率。いくら資本金があっても，それを上回る膨大な借金を抱えていて，いくら稼いでも利払いに追われまくるようでは，成長できないし，安定できない。

成長力を見るには自己資本率を割り出してみる。自己資本を総資本で割って100を掛けると自己資本率がパーセントで出てくる。自己資本の比率が高いほうが成長力もあり安定度も高い。

利益率は純利益を売上高で割って100を掛ける。利益率が高ければ，企業はどんどん成長するし，社員の待遇も上昇する。利益率が低いということは，仕事がどんなに忙しくても利益にはつながらないということになる。

②技術力

技術力は，短期的な見方と長期的な展望が必要になってくる。研究部門が適切な規模か，大学など企業外の研究部門との連絡があるか，先端技術の分野で開発を続けているかどうかなど。

③経営者と経営形態

会社が将来，どのような発展をするか，または衰退するかは経営者の経営哲学，経営方針によるところが大きい。社長の経歴を知ることも必要。創始者の息子，孫といった親族が社長をしているのか，サラリーマン社長か，官庁などからの天下りかということも大切なチェックポイント。

④社風

社風というのは先輩社員から後輩社員に伝えられ，教えられるもの。社風もいろいろな面から必ずチェックしよう。

⑤安定性

企業が成長しているか，安定しているかということは車の両輪。どちらか片方の回転が遅くなっても企業はバランスを失う。安定し，しかも成長する。これが企業として最も理想とするところ。

⑥待遇

初任給だけを考えてみても，それが手取りなのか，基本給なのか。基本給というのはボーナスから退職金，定期昇給の金額にまで響いてくる。また，待遇というのは給与ばかりではなく，福利厚生施設でも大きな差が出てくる。

■そのほかの会社比較の基準

1. ゆとり度

休暇制度は，企業によって独自のものを設定しているところもある。「長期休暇制度」といったものなどの制定状況と，また実際に取得できているかどうかも調べたい。

2. 独身寮や住宅設備

最近では，社宅は廃止し，住宅手当を多く出すという流れもある。寮や社宅についての福利厚生は調べておく。

3. オフィス環境

会社に根づいた慣習や社員に対する考え方が，意外にオフィスの設備やレイアウトに表れている場合がある。

たとえば，個人の専有スペースの広さや区切り方，パソコンなどOA機器の設置状況，上司と部下の机の配置など，会社によってずいぶん違うもの。玄関ロビーや受付の様子を観察するだけでも，会社ごとのカラーや特徴がどこかに見えてくる。

4. 勤務地

転勤はイヤ，どうしても特定の地域で生活していきたい。そんな声に応えて，最近は流通業などを中心に，勤務地限定の雇用制度を取り入れる企業も増えている。

---

column 初任給では分からない本当の給与

会社の給与水準には「初任給」「平均給与」「平均ボーナス」「モデル給与」など，判断材料となるいくつかのデータがある。これらのデータからその会社の給料の優劣を判断するのは非常に難しい。

たとえば中小企業の中には，初任給が飛び抜けて高い会社がときどきある。しかしその後の昇給率は大きくないのがほとんど。

一方，大手企業の初任給は業種間や企業間の差が小さく，ほとんど横並びと言っていい。そこで，「平均給与」や「平均ボーナス」などで将来の予測をするわけだが，これは一応の目安とはなるが，個人差があるので正確とは言えない。

■決定版「就職ノート」はこう作る

1冊にすべて書き込みたいという人には，ルーズリーフ形式のノートがお勧め。会社研究，スケジュール，時事用語，OB／OG訪問，切り抜きなどの項目を作りインデックスをつける。

カレンダー，説明会，試験などのスケジュール表を貼り，とくに会社別の説明会，面談，書類提出，試験の日程がひと目で分かる表なども作っておく。そして見開き2ページで1社を載せ，左ページに企業研究，右ページには志望理由，自己PRなどを整理する。

就職ノートの主なチェック項目

❏企業研究…資本金，業務内容，従業員数など基礎的な会社概要から，過去の採用状況，業務報告などのデータ

❏採用試験メモ…日程，条件，提出書類，採用方法，試験の傾向など

❏店舗・営業所見学メモ…流通関係，銀行などの場合は，客として訪問し，商品（値段，使用価値，ユーザーへの配慮），店員（接客態度，商品知識，熱意，親切度），店舗（ショーケース，陳列の工夫，店内の清潔さ）などの面をチェック

❏OB／OG訪問メモ…OB／OGの名前，連絡先，訪問日時，面談場所，質疑応答のポイント，印象など

❏会社訪問メモ…連絡先，人事担当者名，会社までの交通機関，最寄り駅からの地図，訪問のときに得た情報や印象，訪問にいたるまでの経過も記入

「OB／OG訪問」は，実際は採用予備選考開始。まず，OB／OG訪問を希望したら，大学のキャリアセンター，教授などの紹介で，志望企業に勤める先輩の手がかりをつかむ。もちろん直接電話なり手紙で，自分の意向を会社側に伝えてもいい。自分の在籍大学，学部をはっきり言って，「先輩を紹介していただけないでしょうか」と依頼しよう。

参考

OB／OG訪問時の質問リスト例

● **採用について**
- ・成績と面接の比重
- ・評価のポイント
- ・採用までのプロセス（日程）
- ・筆記試験の傾向と対策
- ・面接は何回あるか
- ・コネの効力はどうか
- ・面接で質問される事項 etc.

● **仕事について**
- ・内容（入社10年，20年のOB/OG）
- ・新入社員の仕事
- ・希望職種につけるのか
- ・やりがいはどうか
- ・残業，休日出勤，出張など
- ・同業他社と比較してどうか etc.

● **社風について**
- ・社内のムード
- ・上司や同僚との関係
- ・仕事のさせ方 etc.

● **待遇について**
- ・給与について
- ・福利厚生の状態
- ・昇進のスピード
- ・離職率について etc.

06 インターンシップ

　インターンシップとは，学生向けに企業が用意している「就業体験」プログラム。ここで学生はさまざまな企業の実態をより深く知ることができ，その後の就職活動において自己分析，業界研究，職種選びなどに活かすことができる。また企業側にとっても有能な学生を発掘できるというメリットがあるため，導入する企業は増えている。

　インターンシップ参加が採用につながっているケースもあるため，たくさん参加してみよう。

---

column　コネを利用するのも１つの手段？

　コネを活用できるのは，以下のような場合である。

・企業と大学に何らかの「連絡」がある場合

　企業の新卒採用の場合，特定校・指定校が決められていることもある。企業側が過去の実績などに基づいて決めており，大学の力が大きくものをいう。

　とくに理工系では，指導教授や研究室と企業との連絡が密接な場合が多く，教授の推薦が有利であることは言うまでもない。同じ大学出身の先輩とのコネも，この部類に区分できる。

・志望企業と「関係」ある人と関係がある場合

　一般的に言えば，志望企業の取り引き先関係からの紹介というのが一番多い。ただし，年間億単位の実績が必要で，しかも部長・役員以上につながっていなければコネがあるとは言えない。

・志望企業と何らかの「親しい関係」がある場合

　志望企業に勤務したりアルバイトをしていたことがあるという場合。インターンシップもここに分類される。職場にも馴染みがあり人間関係もできているので，就職に際してきわめて有利。

・志望会社に関係する人と「縁故」がある場合

　縁故を「血縁関係」とした場合，日本企業ではこのコネはかなり有効なところもある。ただし，血縁者が同じ会社にいるというのは不都合なことも多いので，どの企業も慎重。

1. 受付の様子

受付事務がテキパキとしていて，分かりやすいかどうか。社員の態度が親切で誠意が伝わってくるかどうか。

こういった受付の様子からでも，その会社の社員教育の程度や，新入社員採用に対する熱意とか期待を推し測ることができる。

2. 控え室の様子

控え室が2カ所以上あって，国立大学と私立大学の訪問者とが，別々に案内されているようなことはないか。また，面談の順番を意図的に変えているようなことはないか。これはよくある例で，すでに大半は内定しているということを意味する場合が多い。

3. 社内の雰囲気

社員の話し方，その内容を耳にはさむだけでも，社風が伝わってくる。

4. 面談の様子

何時間も待たせたあげくに，きわめて事務的に，しかも投げやりな質問しかしないような採用担当者である場合，この会社は人事が適正に行われていないということだから，一考したほうがよい。

参考 ▶ **説明会での質問項目**

・質問内容が抽象的でなく，具体性のあるものかどうか。

・質問内容は，現在の社会・経済・政治などの情況を踏まえた，
　大学生らしい高度で専門性のあるものか。

・質問をするのはいいが，「それでは，あなたの意見はどうか」と
　逆に聞かれたとき，自分なりの見解が述べられるものであるか。

提出する書類は6種類。①〜③が大学に申請する書類，④〜⑥が自分で書く書類だ。大学に申請する書類は一度に何枚も入手しておこう。

① 「卒業見込証明書」
② 「成績証明書」
③ 「健康診断書」
④ 「履歴書」
⑤ 「エントリーシート」
⑥ 「会社説明会アンケート」

■自分で書く書類は「自己PR」

第1次面接に進めるか否かは「自分で書く書類」の出来にかかっている。「履歴書」と「エントリーシート」は会社説明会に行く前に準備しておくもの。「会社説明会アンケート」は説明会の際に書き，その場で提出する書類だ。

01 履歴書とエントリーシートの違い

Webエントリーを受け付けている企業に資料請求をすると，資料と一緒に「エントリーシート」が送られてくるので，応募サイトのフォームやメールでエントリーシートを送付する。Webエントリーを行っていない企業には，ハガキやメールで資料請求をする必要があるが，「エントリーシート」は履歴書とは異なり，企業が設定した設問に対して回答するもの。すなわちこれが「1次試験」であり，これにパスをした人だけが会社説明会に呼ばれる。

02 記入の際の注意点

■字はていねいに

字を書くところから，その企業に対する"本気度"は測られている。

■誤字，脱字は厳禁

使用するのは，黒のインク。

■修正液使用は不可

■数字は算用数字

■自分の広告を作るつもりで書く

自分はこういう人間であり，何がしたいかということを簡潔に書く。メリットになることだけで良い。自分に損になるようなことを書く必要はない。

■「やる気」を示す具体的なエピソードを

「私はやる気があります」「私は根気があります」という抽象的な表現だけではNG。それを示すエピソードのようなものを書かなくては意味がない。

Point

自己紹介欄の項目はすべて「自己PR」。自分はこういう人間であることを印象づけ，それがさらに企業への「志望動機」につながっていくような書き方をする。

---

column 履歴書やエントリーシートは，共通でもいい？

「履歴書」や「エントリーシート」は企業によって書き分ける。業種はもちろん，同じ業界の企業であっても求めている人材が違うからだ。各書類は提出前にコピーを取り，さらに出した企業名を忘れずに書いておくことも大切だ。

写真	スナップ写真は不可。 スーツ着用で，胸から上の物を使用する。ポイントは「清潔感」。 氏名・大学名を裏書きしておく。
日付	郵送の場合は投函する日，持参する場合は持参日の日付を記入する。
生年月日	西暦は避ける。元号を省略せずに記入する。
氏名	戸籍上の漢字を使う。印鑑押印欄があれば忘れずに押す。
住所	フリガナ欄がカタカナであればカタカナで，平仮名であれば平仮名で記載する。
学歴	最初の行の中央部に「学□□歴」と2文字程度間隔を空けて，中学校卒業から大学（卒業・卒業見込み）まで記入する。 中途退学の場合は，理由を簡潔に記載する。留年は記入する必要はない。 職歴がなければ，最終学歴の一段下の行の右隅に，「以上」と記載する。
職歴	最終学歴の一段下の行の中央部に「職□□歴」と2文字程度間隔を空け記入する。 「株式会社」や「有限会社」など，所属部門を省略しないで記入する。 「同上」や「〃」で省略しない。 最終職歴の一段下の行の右隅に，「以上」と記載する。
資格・免許	4級以下は記載しない。学習中のものも記載して良い。 「普通自動車第一種運転免許」など，省略せずに記載する。
趣味・特技	具体的に（例：読書でもジャンルや好きな作家を）記入する。
志望理由	その企業の強みや良い所を見つけ出したうえで，「自分の得意な事」がどう活かせるかなどを考えぬいたものを記入する。
自己PR	応募企業の事業内容や職種にリンクするような，自分の経験やスキルなどを記入する。
本人希望欄	面接の連絡方法，希望職種・勤務地などを記入する。「特になし」や空白はNG。
家族構成	最初に世帯主を書き，次に配偶者，それから家族を祖父母，兄弟姉妹の順に。続柄は，本人から見た間柄。兄嫁は，義姉と書く。
健康状態	「良好」が一般的。

01　エントリーシートの目的

・応募者を，決められた採用予定者数に絞り込むこと
・面接時の資料にする

の2つ。

■知りたいのは職務遂行能力

　採用担当者が学生を見る場合は，「こいつは与えられた仕事をこなせるかどうか」という目で見ている。企業に必要とされているのは仕事をする能力なのだ。

Point

> 質問に忠実に，"自分がいかにその会社の求める人材に当てはまるか"を
> 丁寧に答えること。

02　効果的なエントリーシートの書き方

■情報を伝える書き方

　課題をよく理解していることを相手に伝えるような気持ちで書く。

■文章力

　大切なのは全体のバランスが取れているか。書く前に，何をどれくらいの字数で収めるか計算しておく。

　「起承転結」でいえば，「起」は，文章を起こす導入部分。「承」は，起を受けて，その提起した問題に対して承認を求める部分。「転」は，自説を展開する部分。もっともオリジナリティが要求される。「結」は，最後の締めの結論部分。文章の構成・まとめる力で，総合的な能力が高いことをアピールする。

エントリーシートでよく取り上げられる題材と，
その出題意図

エントリーシートで求められるものは，「自己PR」「志望動機」「将来どうなりたいか（目指すこと）」の3つに大別される。

1.「自己PR」

自己分析にしたがって作成していく。重要なのは，「なぜそうしようと思ったか？」「○○をした結果，何が変わったのか？何を得たのか？」という"連続性"が分かるかどうかがポイント。

2.「志望動機」

自己PRと一貫性を保ち，業界志望理由と企業志望理由を差別化して表現するように心がける。志望する業界の強みと弱み，志望企業の強みと弱みの把握は基本。

3.「将来の展望」

どんな社員を目指すのか，仕事へはどう臨もうと思っているか，目標は何か，などが問われる。仕事内容を事前に把握しておくだけでなく，5年後の自分，10年後の自分など，具体的な将来像を描いておくことが大切。

表現力，理解力のチェックポイント

- ☐ 文法，語法が正しいかどうか
- ☐ 論旨が論理的で一貫しているかどうか
- ☐ 1センテンスが簡潔かどうか
- ☐ 表現が統一されているかどうか（「です，ます」調か「だ，である」調か）

01 個人面接

●自由面接法

面接官と受験者のキャラクターやその場の雰囲気，質問と応答の進行具合などによって雑談形式で自由に進められる。

●標準面接法

自由面接法とは逆に，質問内容や評価の基準などがあらかじめ決まっている。実際には自由面接法と併用で，おおまかな質問事項や判定基準，評価ポイントを決めておき，質疑応答の内容上の制限を緩和しておくスタイルが一般的。1次面接などでは標準面接法をとり，2次以降で自由面接法をとる企業も多い。

●非指示面接法

受験者に自由に発言してもらい，面接官は話題を引き出したりするときなど，最小限の質問をするという方法。

●圧迫面接法

わざと受験者の精神状態を緊張させ，受験者がどのような応答をするかを観察し，判定する。受験者は，冷静に対応することが肝心。

02 集団面接

面接の方法は個人面接と大差ないが，面接官がひとつの質問をして，受験者が順にそれに答えるという方法と，面接官が司会役になって，座談会のような形式で進める方法とがある。

座談会のようなスタイルでの面接は，なるべく受験者全員が関心をもっているような話題を取りあげ，意見を述べさせるという方法。この際，司会役以外の面接官は一言も発言せず，判定・評価に専念する。

03 グループディスカッション

　グループディスカッション（以下，GD）の時間は30〜60分程度，1グループの人数は5〜10人程度で，司会は面接官が行う場合や，時間を決めて学生が交替で行うことが多い。面接官は内容については特に指示することはなく，受験者がどのようにGDを進めるかを観察する。

　評価のポイントは，全体的には理解力，表現力，指導性，積極性，協調性など，個別的には性格，知識，適性などが観察される。

　GDの特色は，集団の中での個人ということで，受験者の能力がどの程度のものであるか，また，どのようなことに向いているかを判定できること。受験者は，グループの中における自分の位置を面接官に印象づけることが大切だ。

グループディスカッション方式の面接におけるチェックポイント

❏全体の中で適切な論点を提供できているかどうか。
❏問題解決に役立つ知識を持っているか，また提供できているかどうか。
❏もつれた議論を解きほぐし，的はずれの議論を元に引き戻す努力をしているかどうか。
❏グループ全体としての目標をいつも考えているかどうか。
❏感情的な対立や攻撃をしかけているようなことはないか。
❏他人の意見に耳を傾け，よい意見には賛意を表し，それを全体に推し広げようという寛大さがあるかどうか。
❏議論の流れを自然にリードするような主導性を持っているかどうか。
❏提出した意見が議論の進行に大きな影響を与えているかどうか。

04 面接時の注意点

●控え室

　控え室には，指定された時間の15分前には入室しよう。そこで担当の係から，面接に際しての注意点や手順の説明が行われるので，疑問点は積極的に聞くようにし，心おきなく面接にのぞめるようにしておこう。会社によっては，所定のカードに必要事項を書き込ませたり，お互いに自己紹介をさせたりする場合もある。また，この控え室での行動も細かくチェックして，合否の資料にしている会社もある。

●入室・面接開始

　係員がドアの開閉をしてくれる場合もあるが，それ以外は軽くノックして入室し，必ずドアを閉める。そして入口近くで軽く一礼し，面接官か補助員の「どうぞ」という指示で正面の席に進み，ここで再び一礼をする。そして，学校名と氏名を名のって静かに着席する。着席時は，軽く椅子にかけるようにする。

●面接終了と退室

　面接の終了が告げられたら，椅子から立ち上がって一礼し，椅子をもとに戻して，面接官または係員の指示を受けて退室する。

　その際も，ドアの前で面接官のほうを向いて頭を下げ，静かにドアを開閉する。控え室に戻ったら，係員の指示を受けて退社する。

05 面接試験の評定基準

●協調性

　企業という「集団」では，他人との協調性が特に重視される。

　感情や態度が円満で調和がとれていること，極端に好悪の情が激しくなく，物事の見方や考え方が穏健で中立であることなど，職場での人間関係を円滑に進めていくことのできる人物かどうかが評価される。

●話し方

　外観印象的には，言語の明瞭さや応答の態度そのものがチェックされる。小さな声で自信のない発言，乱暴野卑な発言は減点になる。

　考えをまとめたら，言葉を選んで話すくらいの余裕をもって，真剣に応答しようとする姿勢が重視される。軽率な応答をしたり，まして発言に矛盾を指摘されるような事態は極力避け，もしそのような状況になりそうなときは，自分の非を認めてはっきりと謝るような態度を示すべき。

●好感度

　実社会においては，外観による第一印象が，人間関係や取引に大きく影響を及ぼす。

　「フレッシュな爽やかさ」に加え，入社志望など，自分の意思や希望をより明確にすることで，強い信念に裏づけられた姿勢をアピールできるよう努力したい。

●判断力

何を質問されているのか，何を答えようとしているのか，常に冷静に判断していく必要がある。

●表現力

話に筋道が通り理路整然としているか，言いたいことが簡潔に言えるか，話し方に抑揚があり聞く者に感銘を与えるか，用語が適切でボキャブラリーが豊富かどうか。

●積極性

活動意欲があり，研究心旺盛であること，進んで物事に取り組み，創造的に解決しようとする意欲が感じられること，話し方にファイトや情熱が感じられること，など。

●計画性

見通しをもって順序よく合理的に仕事をする性格かどうか，またその能力の有無。企業の将来性のなかに，自分の将来をどうかみ合わせていこうとしているか，現在の自分を出発点として，何を考え，どんな仕事をしたいのか。

●安定性

情緒の安定は，社会生活に欠くことのできない要素。自分自身をよく知っているか，他の人に流されない信念をもっているか。

●誠実性

自分に対して忠実であろうとしているか，物事に対してどれだけ誠実な考え方をしているか。

●社会性

企業は集団活動なので，自分の考えに固執したり，不平不満が多い性格は向かない。柔軟で適応性があるかどうか。

> 清潔感や明朗さ，若々しさといった外観面も重視される。

06 面接試験の質問内容

1. 志望動機

受験先の概要や事業内容はしっかりと頭の中に入れておく。また，その企業の企業活動の社会的意義と，自分自身の志望動機との関連を明確にしておく。「安定している」「知名度がある」「将来性がある」といった利己的な動機，「自

分の性格に合っている」というような，あいまいな動機では説得力がない。安定性や将来性は，具体的にどのような企業努力によって支えられているのかという考察も必要だし，それに対する受験者自身の評価や共感なども問われる。

①どうしてその業種なのか

②どうしてその企業なのか

③どうしてその職種なのか

以上の①〜③と，自分の性格や資質，専門などとの関連性を説明できるようにしておく。

自分がどうしてその会社を選んだのか，どこに大きな魅力を感じたのかを，できるだけ具体的に，情熱をもって語ることが重要。自分の長所と仕事の適性を結びつけてアピールし，仕事のやりがいや仕事に対する興味を述べるのもよい。

■複数の企業を受験していることは言ってもいい？

同じ職種，同じ業種で何社かかけもちしている場合，正直に答えてもかまわない。しかし，「第一志望はどこですか」というような質問に対して，正直に答えるべきかどうかというと，やはりこれは疑問がある。どんな会社でも，他社を第一志望にあげられれば，やはり愉快には思わない。

また，職種や業種の異なる会社をいくつか受験する場合も同様で，極端に性格の違う会社をあげれば，その矛盾を突かれるのは必至だ。

2. 仕事に対する意識・職業観

採用試験の段階では，次年度の配属予定が具体的に固まっていない会社もかなりある。具体的に職種や部署などを細分化して募集している場合は別だが，そうでない場合は，希望職種をあまり狭く限定しないほうが賢明。どの業界においても，採用後，新入社員には，研修としてその会社の各セクションをひと通り経験させる企業は珍しくない。そのうえで，具体的な配属計画を検討するのだ。

大切なことは，就職や職業というものを，自分自身の生き方の中にどう位置づけるか，また，自分の生活の中で仕事とはどういう役割を果たすのかを考えてみること。つまり自分の能力を活かしたい，社会に貢献したい，自分の存在価値を社会的に実現してみたい，ある分野で何か自分の力を試してみたい……，などの場合を考え，それを自分自身の人生観，志望職種や業種などとの関係を考えて組み立ててみる。自分の人生観をもとに，それを自分の言葉で表現できるようにすることが大切。

3. 自己紹介・自己PR

性格そのものを簡単に変えたり，欠点を克服したりすることは実際には難しいが，"仕方がない"という姿勢を見せることは禁物で，どんなささいなことでも，努力している面をアピールする。また一般的にいって，専門職を除けば，就職時になんらかの資格や技能を要求する企業は少ない。

ただ，資格をもっていれば採用に有利とは限らないが，専門性を要する業種では考慮の対象とされるものもある。たとえば英検，簿記など。

企業が学生に要求しているのは，4年間の勉学を重ねた学生が，どのように仕事に有用であるかということで，学生の知識や学問そのものを聞くのが目的ではない。あくまで，社会人予備軍としての謙虚さと素直さを失わないようにする。

知識や学力よりも，その人の人間性，ビジネスマンとしての可能性を重視するからこそ，面接担当者は，学生生活全般について尋ねることで，書類だけでは分からない人間性を探ろうとする。

何かうち込んだものや思い出に残る経験などは，その人の人間的な成長になんらかの作用を及ぼしているものだ。どんな経験であっても，そこから受けた印象や教訓などは，明確に答えられるようにしておきたい。

4. 一般常識・時事問題

一般常識・時事問題については筆記試験の分野に属するが，面接でこうしたテーマがもち出されることも珍しくない。受験者がどれだけ社会問題に関心をもっているか，一般常識をもっているか，また物事の見方・考え方に偏りがないかなどを判定する。知識や教養だけではなく，一問一答の応答を通じて，その人の性格や適応能力まで判断されることになる。

07 面接に向けての事前準備

■**面接試験1カ月前までには万全の準備をととのえる**

●**志望会社・職種の研究**

新聞の経済欄や経済雑誌などのほか，会社年鑑，株式情報など書物による研究をしたり，インターネットにあがっている企業情報や，検索によりさまざまな角度から調べる。すでにその会社へ就職している先輩や知人に会って知識を得たり，大学のキャリアセンターへ情報を求めるなどして総合的に判断する。

■**専攻科目の知識・卒論のテーマなどの整理**

大学時代にどれだけ勉強してきたか，専攻科目や卒論のテーマなどを整理しておく。

■時事問題に対する準備

毎日欠かさず新聞を読む。志望する企業の話題は，就職ノートに整理するなどもアリ。

面接当日の必需品

☐必要書類（履歴書，卒業見込証明書，成績証明書，健康診断書，推薦状）

☐学生証

☐就職ノート（志望企業ファイル）

☐印鑑，朱肉

☐筆記用具（万年筆，ボールペン，サインペン，シャープペンなど）

☐手帳，ノート

☐地図（訪問先までの交通機関などをチェックしておく）

☐現金（小銭も用意しておく）

☐腕時計（オーソドックスなデザインのもの）

☐ハンカチ，ティッシュペーパー

☐くし，鏡（女性は化粧品セット）

☐シューズクリーナー

☐ストッキング

☐折りたたみ傘（天気予報をチェックしておく）

☐携帯電話，充電器

理論編
STEP 6 　筆記試験の種類

■一般常識試験

社会人として企業活動を行ううえで最低限必要となる一般常識のほか，
英語，国語，社会(時事問題)，数学などの知識の程度を確認するもの。

　難易度はおおむね中学・高校の教科書レベル。一般常識の問題集を1冊やっておけばよいが，業界によっては専門分野が出題されることもあるため，必ず志望する企業のこれまでの試験内容は調べておく。

■一般常識試験の対策

・英語　慣れておくためにも，教科書を復習する，英字新聞を読むなど。

・国語　漢字，四字熟語，反対語，同音異義語，ことわざをチェック。

・時事問題　新聞や雑誌,テレビ,ネットニュースなどアンテナを張っておく。

■適性検査

　SPI (Synthetic Personality Inventory) 試験 (SPI3試験) とも呼ばれ，能力テストと性格テストを合わせたもの。

　能力テストでは国語能力を測る「言語問題」と，数学能力を測る「非言語問題」がある。言語的能力，知覚能力，数的能力のほか，思考・推理能力，記憶力，注意力などの問題で構成されている。

　性格テストは「はい」か「いいえ」で答えていく。仕事上の適性と性格の傾向などが一致しているかどうかをみる。

SPIは職務への適応性を客観的にみるためのもの。

01 「論文」と「作文」

　一般に「論文」はあるテーマについて自分の意見を述べ，その論証をする文章で，必ず意見の主張とその論証という2つの部分で構成される。問題提起と論旨の展開，そして結論を書く。

　「作文」は，一般的には感想文に近いテーマ，たとえば「私の興味」「将来の夢」といったものがある。

　就職試験では「論文」と「作文」を合わせた“論作文”とでもいうようなものが出題されることが多い。

　論作文試験とは，「文章による面接」。テーマに書き手がどういう態度を持っているかを知ることが，出題の主な目的だ。受験者の知識・教養・人生観・社会観・職業観，そして将来への希望などが，どのような思考を経て，どう表現されているかによって，企業にとって，必要な人物かどうかを判断している。

　論作文の場合には，書き手の社会的意識や考え方に加え，「感銘を与える」働きが要求される。就職活動とは，企業に対し「自分をアピールすること」だということを常に念頭に置いておきたい。

Point

論文と作文の違い

	論　　文	作　　文
テーマ	学術的・社会的・国際的なテーマ。時事，経済問題など	個人的・主観的なテーマ。人生観，職業観など
表現	自分の意見や主張を明確に述べる。	自分の感想を述べる。
展開	四段型（起承転結）の展開が多い。	三段型（はじめに・本文・結び）の展開が多い。
文体	「だ調・である調」のスタイルが多い。	「です調・ます調」のスタイルが多い。

・テーマ

与えられた課題（テーマ）を，受験者はどのように理解しているか。

出題されたテーマの意義をよく考え，それに対する自分の意見や感情が，十分に整理されているかどうか。

・表現力

課題について本人が感じたり，考えたりしたことを，文章で的確に表しているか。

・字・用語・その他

かなづかいや送りがなが合っているか，文中で引用されている格言やことわざの類が使用法を間違えていないか，さらに誤字・脱字に至るまで，文章の基本的な力が受験者の人柄ともからんで厳密に判定される。

・オリジナリティ

魅力がある文章とは，オリジナリティを率直に出すこと。自分の感情や意見を，自分の言葉で表現する。

・生活態度

文章は，書き手の人格や人柄を映し出す。平素の社会的関心や他人との協調性，趣味や読書傾向はどうであるかといった，受験者の日常における生き方，生活態度がみられる。

・字の上手・下手

できるだけ読みやすい字を書く努力をする。また，制限字数より文章が長くなって原稿用紙の上下や左右の空欄に書き足したりすることは避ける。消しゴムで消す場合にも，丁寧に。

いずれの場合でも，表面的な文章力を問うているのではなく，受験者の人柄のほうを重視している。

マナーチェックリスト

実践編

就活において企業の人事担当は，面接試験やOG／OB訪問，そして面接試験において，あなたのマナーや言葉遣いといった，「常識力」をチェックしている。現在の自分はどのくらい「常識力」が身についているかをチェックリストで振りかえり，何ができて，何ができていないかを明確にしたうえで，今後の取り組みに生かしていこう。

評価基準　5：大変良い　4：やや良い　3：どちらともいえない　2：やや悪い　1：悪い

	項　目	評　価	メ　モ
挨拶	明るい笑顔と声で挨拶をしているか		
	相手を見て挨拶をしているか		
	相手より先に挨拶をしているか		
	お辞儀を伴った挨拶をしているか		
	直接の応対者でなくても挨拶をしているか		
表情	笑顔で応対しているか		
	表情に私的感情がでていないか		
	話しかけやすい表情をしているか		
	相手の話は真剣な顔で聞いているか		
身だしなみ	前髪は目にかかっていないか		
	髪型は乱れていないか／長い髪はまとめているか		
	髭の剃り残しはないか／化粧は健康的か		
	服は汚れていないか／清潔に手入れされているか		
	機能的で職業・立場に相応しい服装をしているか		
	華美なアクセサリーはつけていないか		
	爪は伸びていないか		
	靴下の色は適当か／ストッキングの色は自然な肌色か		
	靴の手入れは行き届いているか		
	ポケットに物を詰めすぎていないか		

	項　目	評　価	メ　モ
言葉遣い	専門用語を使わず，相手にわかる言葉で話しているか		
	状況や相手に相応しい敬語を正しく使っているか		
	相手の聞き取りやすい音量・速度で話しているか		
	語尾まで丁寧に話しているか		
	気になる言葉癖はないか		
動作	物の授受は両手で丁寧に実施しているか		
	案内・指し示し動作は適切か		
	キビキビとした動作を心がけているか		
心構え	勤務時間・指定時間の5分前には準備が完了しているか		
	心身ともに健康管理をしているか		
	仕事とプライベートの切替えができているか		

☑ 常に自己点検をするクセをつけよう

「人を表情やしぐさ，身だしなみなどの見かけで判断してはいけない」と一般
にいわれている。確かに，人の個性は見かけだけではなく，内面においても見
いだされるもの。しかし，私たちは人を第一印象である程度決めてしまう傾向
がある。それが面接試験など初対面の場合であればなおさらだ。したがって，
チェックリストにあるような挨拶，表情，身だしなみ等に注意して面接試験に
臨むことはとても重要だ。ただ，これらは面接試験前にちょっと対策したから
といって身につくようなものではない。付け焼き刃的な対策をして面接試験に
臨んでも，面接官はあっという間に見抜いてしまう。日頃からチェックリスト
にあるような項目を意識しながら行動することが大事であり，そうすることで，
最初はぎこちない挨拶や表情等も，その人の個性に応じたすばらしい所作へ変
わっていくことができるのだ。さっそく，本日から実行してみよう。

面接試験において，印象を決定づける表情はとても大事。
どのようにすれば感じのいい表情ができるのか，ポイントを確認していこう。

明るく,温和で 柔らかな表情をつくろう

人間関係の潤滑油

表情に関しては，まずは豊かである
ということがベースになってくる。う
れしい表情，困った表情，驚いた表
情など，さまざまな気持ちを表現で
きるということが，人間関係を潤いの
あるものにしていく。

Point

　表情はコミュニケーションの大前提。相手に「いつでも話しかけてくださ
いね」という無言の言葉を発しているのが，就活に求められる表情だ。面接
官が安心してコミュニケーションをとろうと思ってくれる表情。それが，明
るく，温和で柔らかな表情となる。

いますぐデキる
カンタンTraining

Training 01

喜怒哀楽を表してみよう

- ・人との出会いを楽しいと思うことが表情の基本
- ・表情を豊かにする大前提は相手の気持ちに寄り添うこと
- ・目元・口元だけでなく，眉の動きを意識することが大事

Training 02

表情筋のストレッチをしよう

- ・表情筋は「ウイスキー」の発音によって鍛える
- ・意識して毎日，取り組んでみよう
- ・笑顔の共有によって相手との距離が縮まっていく

コミュニケーションは挨拶から始まり，その挨拶ひとつで印象は変わるもの。
ポイントを確認していこう。

丁寧にしっかりと
はっきり挨拶をしよう

人間関係の第一歩

挨拶は心を開いて，相手に近づくコ
ミュニケーションの第一歩。たかが
挨拶，されど挨拶の重要性をわきま
えて，きちんとした挨拶をしよう。形，
つまり"技"も大事だが，心をこめ
ることが最も重要だ。

Point

　挨拶はコミュニケーションの第一歩。相手が挨拶するのを待っているの
は望ましくない。挨拶の際のポイントは丁寧であることと，はっきり声に出
すことの2つ。丁寧な挨拶は，相手を大事にして迎えている気持ちの表れ
となる。はっきり声に出すことで，これもきちんと相手を迎えていることが
伝わる。また，相手もその応答として挨拶してくれることで，会ってすぐに
双方向のコミュニケーションが成立する。

カンタンTraining

Training 01

3つのお辞儀をマスターしよう

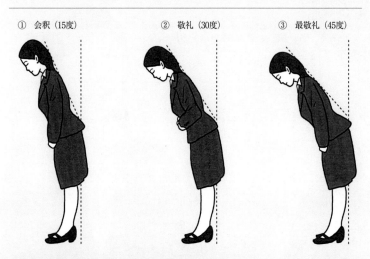

① 会釈（15度）　　② 敬礼（30度）　　③ 最敬礼（45度）

・息を吸うことを意識してお辞儀をするとキレイな姿勢に
・目線は真下ではなく，床前方1.5m先ぐらいを見よう
・相手への敬意を忘れずに

Training 02

対面時は言葉が先，お辞儀が後

・相手に体を向けて先に自ら挨拶をする
・挨拶時，相手とアイコンタクトを
　しっかり取ろう
・挨拶の後に，お辞儀をする。
　これを「語先後礼」という

コミュニケーションは「話す」よりも「聞く」ことといわれる。相手が話しやすい聞き方の，ポイントを確認しよう。

受容の立場で
傾聴しよう

相手の話を受けとめる

話を聞くときは，やや前に傾く姿勢をとる。表情と姿勢が合わさることにより，話し手の心が開き「あれも，これも話そう」という気持ちになっていく。また，「はい」と一度のお辞儀で頷くと相手の話を受け止めているというメッセージにつながる。

Point

　話をすること，話を聞いてもらうことは誰にとってもプレッシャーを伴うもの。そのため，「何でも話して良いんですよ」「何でも話を聞きますよ」「心配しなくて良いんですよ」という気持ちで聞くことが大切になる。その気持ちが聞く姿勢に表れれば，相手は安心して話してくれる。

いますぐデキる
カンタンTraining

Training 01
頷きは一度で

・相手が話した後に「はい」と
　一言発する
・頷きすぎは逆効果

Training 02
目線は自然に

・鼻の付け根あたりを見ると
　自然な印象に
・目を見つめすぎるのはNG

Training 03
話の句読点で視線を移す

・視線は話している人を見ることが基本
・複数の人の話を聞くときは句読点を意識し，
　視線を振り分けることで聞く姿勢を表す

STEP4　伝わる話し方

自分の意思を相手に明確に伝えるためには，話し方が重要となる。はっきりと的確に話すためのポイントを確認しよう。

明るい発声を
心がけよう

ボリュームを意識して

話すときのポイントとしては，ボリュームを意識することが挙げられる。会議室の一番奥にいる人に声が届くように意識することで，声のボリュームはコントロールされていく。

Point

　コミュニケーションとは「伝達」すること。どのようなことも，適当に伝えるのではなく，伝えるべきことがきちんと相手に届くことが大切になる。そのためには，はっきりと，分かりやすく，丁寧に，心を込めて話すこと。言葉だけでなく，表情やジェスチャーを加えることも有効。

いますぐデキる
カンタンTraining

Training 01
腹式呼吸で発声練習

・「あえいうえおあお」と発声する
・腹式呼吸は，胸部をなるべく動かさ
　ずに，息を吸うときにお腹や腰が膨
　らむよう意識する呼吸法

Training 02
早口言葉にチャレンジ

おあやや
母親に
お謝り

・「おあやや，母親に，お謝り」と早口で
・口がすぼまった「お」と口が開いた
　「あ」の発音に，変化をつけられる
　かがポイント

Training 03
ジェスチャーを有効活用

・腰より上でジェスチャーをする
・体から離した位置に手をもっていく
・ジェスチャーをしたら戻すところを
　さだめておく

身だしなみはその人自身を表すもの。身だしなみの基本について，ポイントを
確認しよう。

清潔感,さわやかさを
醸し出せるようにしよう

プロの企業人に
ふさわしい身だしなみを

信頼感，安心感をもたれる身だしな
みを考えよう。TPOに合わせた服装は，
すなわち"礼"を表している。そして，
身だしなみには，「清潔感」,「品のよさ」,
「控え目である」という，3つのポイ
ントがある。

Point

相手との心理的な距離や物理的な距離が遠ければ，コミュニケーションは
成立しにくくなる。見た目が不潔では誰も近付いてこない。身だしなみが
清潔であること，爽やかであることは相手との距離を縮めることにも繋がる。

いますぐデキる

カンタンTraining

Training 01

髪型，服装を整えよう

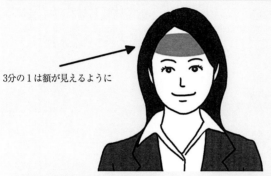

3分の1は額が見えるように

- 男性も女性も眉が見える髪型が望ましい。3分の1は額が見えるように。額は知性と清潔感を伝える場所。男性の髪の長さは耳や襟にかからないように
- スーツで相手の前に立つときは，ボタンはすべて留める。男性の場合は下のボタンは外す

Training 02

おしゃれとの違いを明確に

- 爪はできるだけ切りそろえる
- 爪の中の汚れにも注意
- ジェルネイル，ネイルアートはNG

Training 03

足元にも気を配って

- 女性の場合はパンプス，男性の場合は黒の紐靴が望ましい
- 靴はこまめに汚れを落とし見栄えよく

姿勢にはその人の意欲が反映される。前向き，活動的な姿勢を表すにはどうしたらよいか，ポイントを確認しよう。

前向き,活動的な 姿勢を維持しよう

一直線と左右対称

正しい立ち姿として，耳，肩，腰，くるぶしを結んだ線が一直線に並んでいることが最大のポイントになる。そのラインが直線に近づくほど立ち姿がキレイに整っていることになる。また，"左右対称"というのもキレイな姿勢の要素のひとつになる。

Point

　姿勢は，身体と心の状態を反映するもの。そのため，良い姿勢でいることは，印象が清々しいだけでなく，健康で元気そうに見え，話しかけやすさにも繋がる。歩く姿勢，立つ姿勢，座る姿勢など，どの場面にも心身の健康状態が表れるもの。日頃から心身の健康状態に気を配り，フィジカルとメンタル両面の自己管理を心がけよう。

いますぐデキる
カンタンTraining

Training **01**

キレイな歩き方を心がけよう

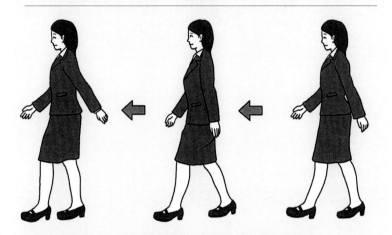

・女性は1本の線上を，男性はそれよりも太い線上を沿うように歩く
・一歩踏み出したときに前の足に体重を乗せるように，腰から動く
・12時の方向につま先をもっていく

Training **02**

前向きな気持ちを持とう

・常に前向きな気持ちが姿勢を正す
・ポジティブ思考を心がけよう

言葉遣いの正しさはとは，場面にあった言葉を遣うということ。相手を気づかいながら，言葉を選ぶことで，より正しい言葉に近づいていく。

相手と場面に合わせた
ふさわしい言葉遣いを

次の文は接客の場面でよくある間違えやすい敬語です。
それぞれの言い方は○×どちらでしょうか。

問1 「資料をご拝読いただきありがとうございます」

問2 「こちらのパンフレットはもういただかれましたか？」

問3 「恐れ入りますが，こちらの用紙にご記入してください」

問4 「申し訳ございませんが，来週，休ませていただきます」

問5 「先ほどの件，帰りましたら上司にご報告いたしますので」

┌─ **Point** ─

　ビジネスのシーンに敬語は欠くことができない。何度もやり取りをしていく中で，親しさの度合いによっては，あえてくだけた表現を用いることもあるが，「親しき仲にも礼儀あり」と言われるように，敬意や心づかいをおろそかにしてはいけないもの。相手に誤解されたり，相手の気分を壊すことのないように，相手や場面にふさわしい言葉遣いが大切になる。

問1 （×） ○正しい言い換え例
→「ご覧いただきありがとうございます」など

「拝読」は自分が「読む」意味の謙譲語なので，相手の行為に使うのは誤り。読むと見るは同義なため，多く，見るの尊敬語「ご覧になる」が用いられる。

問2 （×） ○正しい言い換え例
→「お持ちですか」「お渡ししましたでしょうか」 など

「いただく」は，食べる・飲む・もらうの謙譲語。「もらったかどうか」と聞きたいのだから，「おもらいになりましたか」と言えないこともないが，持っているかどうか，受け取ったかどうかという意味で「お持ちですか」などが使われることが多い。また，自分側が渡すような場合は，「お渡しする」を使って「お渡ししましたでしょうか」などの言い方に換えることもできる。

問3 （×） ○正しい言い換え例
→「恐れ入りますが，こちらの用紙にご記入ください」など

「ご記入する」の「お（ご）〜する」は謙譲語の形。相手の行為を謙譲語で表すことになるため誤り。「して」を取り除いて「ご記入ください」か，和語に言い換えて「お書きください」とする。ほかにも「お書き／ご記入・いただけますでしょうか・願います」などの表現もある。

問4 （△）
有給休暇を取る場合や，弔事等で休むような場面で，用いられることも多い。「休ませていただく」ということで一見丁寧に響くが，「来週休むと自分で休みを決めている」という勝手な表現にも受け取られかねない言葉だ。ここは同じ「させていただく」を用いても，相手の都合をうかがう言い方に換えて「○○がございまして，申し訳ございませんが，休みをいただいてもよろしいでしょうか」などの言い換えが好ましい。

問5 （×） ○正しい言い換え例
→「上司に報告いたします」

「ご報告いたします」は，ソトの人との会話で使うとするならば誤り。「ご報告いたします」の「お・ご〜いたす」は，「お・ご〜する」と「〜いたす」という2つの敬語を含む言葉。そのうちの「お・ご〜する」は，主語である自分を低めて相手＝上司を高める働きをもつ表現（謙譲語Ⅰ）。一方「〜いたす」は，主語の私を低めて，話の聞き手に対して丁重に述べる働きをもつ表現（謙譲語Ⅱ　丁重語）。「お・ご〜する」も「〜いたす」も同じ謙譲語であるため紛らわしいが，主語を低める（謙譲）という働きは同じでも，行為の相手を高める働きがあるかないかという点に違いがあるといえる。

敬語は正しく使用することで，相手の印象を大きく変えることができる。尊敬語，謙譲語の区別をはっきりつけて，誤った用法で話すことのないように気をつけよう。

言葉の使い方が
マナーを表す!

■よく使われる尊敬語の形　「言う・話す・説明する」の例

専用の尊敬語型	おっしゃる
～れる・～られる型	言われる・話される・説明される
お（ご）～になる型	お話しになる・ご説明になる
お（ご）～なさる型	お話しなさる・ご説明なさる

■よく使われる謙譲語の形　「言う・話す・説明する」の例

専用の謙譲語型	申す・申し上げる
お（ご）～する型	お話しする・ご説明する
お（ご）～いたす型	お話しいたします・ご説明いたします

Point

　同じ尊敬語・謙譲語でも，よく使われる代表的な形がある。ここではその一例をあげてみた。敬語の使い方に迷ったときなどは，まずはこの形を思い出すことで，大抵の語はこの型にはめ込むことができる。同じ言葉を用いたほうがよりわかりやすいといえるので，同義に使われる「言う・話す・説明する」を例に考えてみよう。

　ほかにも「お話しくださる」や「お話しいただく」「お元気でいらっしゃる」などの形もあるが，まずは表の中の形を見直そう。

なお，尊敬語の中の「言われる」などの「れる・られる」を付けた形は省力している。

基本	尊敬語（相手側）	謙譲語（自分側）
会う	お会いになる	お目にかかる・お会いする
言う	おっしゃる	申し上げる・申す
行く・来る	いらっしゃる おいでになる お見えになる お越しになる お出かけになる	伺う・参る お伺いする・参上する
いる	いらっしゃる・おいでになる	おる
思う	お思いになる	存じる
借りる	お借りになる	拝借する・お借りする
聞く	お聞きになる	拝聴する 拝聞する お伺いする・伺う お聞きする
知る	ご存じ（知っているという意で）	存じ上げる・存じる
する	なさる	いたす
食べる・飲む	召し上がる・お召し上がりになる お飲みになる	いただく・頂戴する
見る	ご覧になる	拝見する
読む	お読みになる	拝読する

「お伺いする」「お召し上がりになる」などは，「伺う」「召し上がる」自体が敬語なので
「二重敬語」ですが，慣習として定着しており間違いではないもの。

上記の「敬語表」は，よく使うと思われる動詞をそれぞれ尊敬語・謙譲語
で表したもの。このように大体の言葉は型にあてはめることができる。言
葉の中には「お（ご）」が付かないものもあるが，その場合でも「〜なさる」
を使って，「スピーチなさる」や「運営なさる」などと言うことができる。ま
た，表では，「言う」の尊敬語「言われる」の例は省いているが，れる・ら
れる型の「言われる」よりも「おっしゃる」「お話しになる」「お話しなさる」
などの言い方のほうが，より敬意も高く，言葉としても何となく響きが落ち
着くといった印象を受けるものとなる。

会話は相手があってのこと。いかなる場合でも，相手に対する心くばりを忘れないことが，会話をスムーズに進めるためのコツになる。

心くばりを添えるひと言で 言葉の印象が変わる!

　相手に何かを頼んだり，また相手の依頼を断ったり，相手の抗議に対して反論したりする場面では，いきなり自分の意見や用件を切り出すのではなく，場面に合わせて心くばりを伝えるひと言を添えてから本題に移ると，響きがやわらかくなり，こちらの意向も伝えやすくなる。俗にこれは「クッション言葉」と呼ばれている。（右表参照）

Point

　ビジネスの場面で，相手と話したり手紙やメールを送る際には，何か依頼事があってという場合が多いもの。その場合に「ちょっとお願いなんですが…」では，ふだんの会話と変わりがないものになってしまう。そこを「突然のお願いで恐れ入りますが」「急にご無理を申しまして」「こちらの勝手で恐縮に存じますが」「折り入ってお願いしたいことがございまして」などの一言を添えることで，直接的なきつい感じが和らぐだけでなく，「申し訳ないのだけれど，もしもそうしていただくことができればありがたい」という，相手への配慮や願いの気持ちがより強まる。このような前置きの言葉もうまく用いて，言葉に心くばりを添えよう。

相手の意向を尋ねる場合	「よろしければ」「お差し支えなければ」
	「ご都合がよろしければ」「もしお時間がありましたら」
	「もしお嫌いでなければ」「ご興味がおありでしたら」
相手に面倒を かけてしまうような場合	「お手数をおかけしますが」
	「ご面倒をおかけしますが」
	「お手を煩わせまして恐縮ですが」
	「お忙しい時に申し訳ございませんが」
	「お時間を割いていただき申し訳ありませんが」
	「貴重なお時間を頂戴し恐縮ですが」
自分の都合を 述べるような場合	「こちらの勝手で恐縮ですが」
	「こちらの都合（ばかり）で申し訳ないのですが」
	「私どもの都合ばかりを申しまして，まことに申し訳なく存じますが」
	「ご無理を申し上げまして恐縮ですが」
急な話をもちかけた場合	「突然のお願いで恐れ入りますが」
	「急にご無理を申しまして」
	「もっと早くにご相談申し上げるべきところでございましたが」
	「差し迫ってのことでまことに申し訳ございませんが」
何度もお願いする場合	「たびたびお手数をおかけしまして恐縮に存じますが」
	「重ね重ね恐縮に存じますが」
	「何度もお手を煩わせまして申し訳ございませんが」
	「ご面倒をおかけしてばかりで，まことに申し訳ございませんが」
難しいお願いをする場合	「ご無理を承知でお願いしたいのですが」
	「たいへん申し上げにくいのですが」
	「折り入ってお願いしたいことがございまして」
あまり親しくない相手に お願いする場合	「ぶしつけなお願いで恐縮ですが」
	「ぶしつけながら」
	「まことに厚かましいお願いでございますが」
相手の提案・誘いを断る場合	「申し訳ございませんが」
	「（まことに）残念ながら」
	「せっかくのご依頼ではございますが」
	「たいへん恐縮ですが」
	「身に余るお言葉ですが」
	「まことに失礼とは存じますが」
	「たいへん心苦しいのですが」
	「お引き受けしたいのはやまやまですが」
問い合わせの場合	「つかぬことをうかがいますが」
	「突然のお尋ねで恐縮ですが」

ここでは文章の書き方における，一般的な敬称について言及している。はがき，手紙，メール等，通信手段はさまざま。それぞれの特性をふまえて有効活用しよう。

相手の気持ちになって
見やすく美しく書こう

■敬称のいろいろ

敬称	使う場面	例
様	職名・役職のない個人	（例）飯田知子様／ご担当者様／経理部長　佐藤一夫様
殿	職名・組織名・役職のある個人（公用文など）	（例）人事部長殿／教育委員会殿／田中四郎殿
先生	職名・役職のない個人	（例）松井裕子先生
御中	企業・団体・官公庁などの組織	（例）○○株式会社御中
各位	複数あてに同一文書を出すとき	（例）お客様各位／会員各位

Point

　封筒・はがきの表書き・裏書きは縦書きが基本だが，洋封筒で親しい人にあてる場合は，横書きでも問題ない。いずれにせよ，定まった位置に，丁寧な文字でバランス良く，正確に記すことが大切。特に相手の住所や名前を乱雑な文字で書くのは，配達の際の間違いを引き起こすだけでなく，受け取る側に不快な思いをさせる。相手の気持ちになって，見やすく美しく書くよう心がけよう。

■各通信手段の長所と短所

	長所	短所	用途
封書	・封を開けなければ本人以外の目に触れることがない。 ・丁寧な印象を受ける。	・多量の資料・画像送付には不向き。 ・相手に届くまで時間がかかる。	・儀礼的な文書(礼状・わび状など) ・目上の人あての文書 ・重要な書類 ・他人に内容を読まれたくない文書
はがき・カード	・封書よりも気軽にやり取りできる。 ・年賀状や季節の便り、旅先からの連絡など絵はがきとしても楽しむことができる。	・封に入っていないため，第三者の目に触れることがある。 ・中身が見えるので，改まった礼状やわび状，こみ入った内容には不向き。 ・相手に届くまで時間がかかる。	・通知状　　　・案内状 ・送り状　　　・旅先からの便り ・各種お祝い　・お礼 ・季節の挨拶
FAX	・手書きの図やイラストを文章といっしょに送れる。 ・すぐに届く。 ・控えが手元に残る。	・多量の資料の送付には不向き。 ・事務的な用途で使われることが多く，改まった内容の文書，初対面の人へは不向き。	・地図，イラストの入った文書 ・印刷物（本・雑誌など）
電話	・急ぎの連絡に便利。 ・相手の反応をすぐに確認できる。 ・直接声が聞けるので，安心感がある。	・連絡できる時間帯が制限される。 ・長々としたこみ入った内容は伝えづらい。	・緊急の用件 ・確実に用件を伝えたいとき
メール	・瞬時に届く。　　・控えが残る。 ・コストが安い。 ・大容量の資料や画像をデータで送ることができる。 ・一度に大勢の人に送ることができる。 ・相手の居場所や状況を気にせず送れる。	・事務的な印象を与えるので，改まった礼状やわび状には不向き。 ・パソコンや携帯電話を持っていない人には送れない。 ・ウィルスなどへの対応が必要。	・データで送りたいとき ・ビジネス上の連絡

Point

　はがきは手軽で便利だが，おわびやお願い，格式を重んじる手紙には不向きとなる。この種の手紙は内容もこみ入ったものとなり，加えて丁寧な文章で書かなければならないので，数行で済むことはまず考えられない。また，封筒に入っていないため，他人の目に触れるという難点もある。このように，はがきにも長所と短所があるため，使う場面や相手によって，他の通信手段と使い分けることが必要となる。

　はがき以外にも，封書・電話・FAX・メールなど，現代ではさまざまな通信手段がある。上に示したように，それぞれ長所と短所があるので，特徴を知って用途によって上手に使い分けよう。

社会人のマナーとして，電話応対のスキルは必要不可欠。まずは失礼なく電話に出ることからはじめよう。積極性が重要だ。

相手の顔が見えない分
対応には細心の注意を

■電話をかける場合

① ○○先生に電話をする

× 「私，□□社の××と言いますが，○○様はおられますでしょうか？」

○ 「××と申しますが，○○様はいらっしゃいますか？」

「おられますか」は「おる」を謙譲語として使うため，通常は相手がいるかどうかに関しては，「いらっしゃる」を使うのが一般的。

② 相手の状況を確かめる

× 「こんにちは，××です，先日のですね…」

○ 「××です，先日は有り難うございました，今お時間よろしいでしょうか？」

相手が忙しくないかどうか，状況を聞いてから話を始めるのがマナー。また，やむを得ず夜間や早朝，休日などに電話をかける際は，「夜分（朝早く）に申し訳ございません」「お休みのところ恐れ入ります」などのお詫びの言葉もひと言添えて話す。

③ 相手が不在，何時ごろ戻るかを聞く場合

× 「戻りは何時ごろですか？」

○ 「何時ごろお戻りになりますでしょうか？」

「戻り」はそのままの言い方，相手にはきちんと尊敬語を使う。

④ また自分からかけることを伝える

× 「そうですか，ではまたかけますので」

○ 「それではまた後ほど（改めて）お電話させていただきます」

戻る時間がわかる場合は，「またお戻りになりましたころにでも」「また午後にでも」などの表現もできる。

■電話を受ける場合

① 電話を取ったら

× 「はい，もしもし，○○（社名）ですが」

○ **「はい，○○（社名）でございます」**

② 相手の名前を聞いて

× 「どうも，どうも」

○ **「いつもお世話になっております」**

あいさつ言葉として定着している決まり文句ではあるが，日頃のお付き合いがあってこそ。あいさつ言葉もきちんと述べよう。「お世話様」という言葉も時折耳にするが，敬意が軽い言い方となる。適切な言葉を使い分けよう。

③ 相手が名乗らない

× 「どなたですか？」「どちらさまですか？」

○ **「失礼ですが，お名前をうかがってもよろしいでしょうか？」**

名乗るのが基本だが，尋ねる態度も失礼にならないように適切な応対を心がけよう。

④ 電話番号や住所を教えてほしいと言われた場合

× 「はい，いいでしょうか？」　　× 「メモのご用意は？」

○ **「はい，申し上げます，よろしいでしょうか？」**

「メモのご用意は？」は，一見親切なようにも聞こえるが，尋ねる相手も用意していることがほとんど。押し付けがましくならない程度に。

⑤ 上司への取次を頼まれた場合

× 「はい，今代わります」　　× 「○○部長ですね，お待ちください」

○ **「部長の○○でございますね，ただいま代わりますので，少々お待ちくださいませ」**

○○部長という表現は，相手側の言い方となる。自分側を述べる場合は，「部長の○○」「○○」が適切。

Point

自分から電話をかける場合は，まずは自分の会社名や氏名を名乗るのがマナー。たとえ目的の相手が直接出た場合でも，電話では相手の様子が見えないことがほとんど。自分の勝手な判断で話し始めるのではなく，相手の都合を伺い，そのうえで話を始めるのが社会人として必要な気配りとなる。

デキるオトナをアピール

時候の挨拶

月	漢語調の表現 候、みぎりなどを付けて用いられます	口語調の表現
1月 (睦月)	初春・新春 頌春・ 小寒・大寒・厳寒	皆様におかれましては，よき初春をお迎えのことと存じます／厳しい寒さが続いております／珍しく暖かな寒の入りとなりました／大寒という言葉通りの厳しい寒さでございます
2月 (如月)	春寒・余寒・残寒・ 立春・梅花・向春	立春とは名ばかりの寒さ厳しい毎日でございます／梅の花もちらほらとふくらみ始め，春の訪れを感じる今日この頃です／春の訪れが待ち遠しいこのごろでございます
3月 (弥生)	早春・浅春・春寒・ 春分・春暖	寒さもようやくゆるみ，日ましに春めいてまいりました／ひと雨ごとに春めいてまいりました／日増しに暖かさが加わってまいりました
4月 (卯月)	春暖・陽春・桜花・ 桜花爛漫	桜花爛漫の季節を迎えました／春光うららかな好季節となりました／花冷えとでも申しましょうか，何だか肌寒い日が続いております
5月 (皐月)	新緑・薫風・惜春・ 晩春・立夏・若葉	風薫るさわやかな季節を迎えました／木々の緑が目にまぶしいようでございます／目に青葉，山ほととぎす，初鰹の句も思い出される季節となりました
6月 (水無月)	梅雨・向暑・初夏・ 薄暑・麦秋	初夏の風もさわやかな毎日でございます／梅雨前線が近づいてまいりました／梅雨の晴れ間にのぞく青空は，まさに夏を思わせるようです
7月 (文月)	盛夏・大暑・炎暑・ 酷暑・猛暑	梅雨が明けたとたん，うだるような暑さが続いております／長い梅雨も明け，いよいよ本格的な夏がやってまいりました／風鈴の音がわずかに涼を運んでくれているようです
8月 (葉月)	残暑・晩夏・処暑・ 秋暑	立秋とはほんとうに名ばかりの厳しい暑さの毎日です／残暑たえがたい毎日でございます／朝夕はいくらかしのぎやすくなってまいりました
9月 (長月)	初秋・新秋・爽秋・ 新涼・清涼	九月に入りましてもなお，日差しの強い毎日です／暑さもやっとおとろえはじめたようでございます／残暑も去り，ずいぶんとしのぎやすくなってまいりました
10月 (神無月)	清秋・錦秋・秋涼・ 秋冷・寒露	秋風もさわやかな過ごしやすい季節となりました／街路樹の葉も日ごとに色を増しております／紅葉の便りの聞かれるころとなりました／秋深く，日増しに冷気も加わってまいりました
11月 (霜月)	晩秋・暮秋・霜降・ 初霜・向寒	立冬を迎え，まさに冬到来を感じる寒さです／木枯らしの季節になりました／日ごとに冷気が増すようでございます／朝夕はひときわ冷え込むようになりました
12月 (師走)	寒冷・初冬・師走・ 歳晩	師走を迎え，何かと慌ただしい日々をお過ごしのことと存じます／年の瀬も押しつまり，何かとお忙しくお過ごしのことと存じます／今年も残すところわずかとなりました，お忙しい毎日とお察しいたします

いますぐデキる
シチュエーション別会話例

シチュエーション1　取引先との会話

「非常に素晴らしいお話で感心しました」→NG！

「感心する」は相手の立派な行為や，優れた技量などに心を動かされるという意味。意味としては間違いではないが，目上の人に用いると，偉そうに聞こえかねない表現。「感動しました」などに言い換えるほうが好ましい。

シチュエーション2　子どもとの会話

「お母さんは，明日はいますか？」→NG！

たとえ子どもとの会話でも，子どもの年齢によっては，ある程度の敬語を使うほうが好ましい。「明日はいらっしゃいますか」では，むずかしすぎると感じるならば，「お出かけですか」などと表現することもできる。

シチュエーション3　同僚との会話

「今，お暇ですか」→NG？

同じ立場同士なので，暇に「お」が付いた形で「お暇」ぐらいでも構わないともいえるが，「暇」というのは，するべきことも何もない時間という意味。そのため「お暇ですか」では，あまりにも直接的になってしまう。その意味では「手が空いている」→「空いていらっしゃる」→「お手透き」などに言い換えることで，やわらかく敬意も含んだ表現になる。

シチュエーション4　上司との会話

「なるほどですね」→NG！

「なるほど」とは，相手の言葉を受けて，自分も同意見であることを表すため，相手の言葉・意見を自分が評価するというニュアンスも含まれている。そのため自分が評価して述べているという偉そうな表現にもなりかねない。同じ同意ならば，頷き「おっしゃる通りです」などの言葉のほうが誤解なく伝わる。

就活スケジュールシート

■年間スケジュールシート

1月	2月	3月	4月	5月	6月
企業関連スケジュール					
自己の行動計画					

就職活動をすすめるうえで，当然重要になってくるのは，自己のスケジュール管理だ。企業の選考スケジュールを把握することも大切だが，自分のペースで進めることになる自己分析や業界・企業研究，面接試験のトレーニング等の計画を立てることも忘れてはいけない。スケジュールシートに「記入」する作業を通して，短期・長期の両方の面から就職試験を考えるきっかけにしよう。

7月	8月	9月	10月	11月	12月
企業関連スケジュール					
自己の行動計画					

第**4**章

SPI対策

ほとんどの企業では，基本的な資質や能力を見極める
ため適性検査を実施しており，現在最も使われている
のがリクルートが開発した「SPI」である。

テストの内容は，「言語能力」「非言語能力」「性格」
の3つに分かれている。その人がどんな人物で，どん
な仕事で力を発揮しやすいのか，また，どんな組織に
なじみやすいかなどを把握するために行われる。

この章では，SPIの「言語能力」及び「非言語能力」の
分野で，頻出内容を絞って，演習問題を構成している。
演習問題に複数回チャレンジし，解説をしっかりと熟
読して，学習効果を高めよう。

SPI 対策

●SPIとは

　SPIは，Synthetic Personality Inventoryの略称で，株式会社リクルートが開発・販売を行っている就職採用向けのテストである。昭和49年から提供が始まり，平成14年と平成25年の2回改訂が行われ，現在はSPI3が最新になる。

　SPIは，応募者の仕事に対する適性，職業の適性能力，興味や関心を見極めるのに適しており，現在の就職採用テストでは主流となっている。

　SPIは，「知的能力検査」と「性格検査」の2領域にわけて測定され，知的能力検査は「言語能力検査（国語）」と「非言語能力検査（数学）」に分かれている。オプション検査として，「英語（ENG）検査」を実施することもある。性格適性検査では，性格を細かく分析するために，非常に多くの質問が出される。SPIの性格適性検査では，正式な回答はなく，全ての質問に正直に答えることが重要である。

　本章では，その中から，「言語能力検査」と「非言語能力検査」に絞って収録している。

●SPIを利用する企業の目的

①：志望者から人数を絞る

　一部上場企業にもなると，数万単位の希望者が応募してくる。基本的な資質能力や会社への適性能力を見極めるため，SPIを使って，人数の絞り込みを行う。

②：知的能力を見極める

　SPIは，応募者1人1人の基本的な知的能力を比較することができ，それによって，受検者の相対的な知的能力を見極めることが可能になる。

③：性格をチェックする

　その職種に対する適性があるが，300程度の簡単な質問によって発想力やパーソナリティを見ていく。性格検査なので，正解というものはなく，正直に回答していくことが重要である。

● SPIの受検形式

SPIは，企業の会社説明会や会場で実施される「ペーパーテスト形式」と，パソコンを使った「テストセンター形式」とがある。

近年，ペーパーテスト形式は減少しており，ほとんどの企業が，パソコンを使ったテストセンター形式を採用している。志望する企業がどのようなテストを採用しているか，早めに確認し，対策を立てておくこと。

● SPIの出題形式

SPIは，言語分野，非言語分野，英語（ENG），性格適性検査に出題形式が分かれている。

科目	出題範囲・内容
言語分野	二語の関係，語句の意味，語句の用法，文の並び換え，空欄補充，熟語の成り立ち，文節の並び換え，長文読解　等
非言語分野	推論，場合の数，確率，集合，損益算，速度算，表の読み取り，資料の読み取り，長文読み取り　等
英語（ENG）	同意語，反意語，空欄補充，英英辞書，誤文訂正，和文英訳，長文読解　等
性格適性検査	質問：300問程度　時間：約35分

● 受検対策

本章では，出題が予想される問題を厳選して収録している。問題と解答だけではなく，詳細な解説も収録しているので，分からないところは複数回問題を解いてみよう。

言語分野

同音異義語

●あいせき
哀惜　死を悲しみ惜しむこと
愛惜　惜しみ大切にすること

●いぎ
意義　意味・内容・価値
異議　他人と違う意見
威儀　いかめしい挙動
異義　異なった意味

●いし
意志　何かをする積極的な気持ち
意思　しようとする思い・考え

●いどう
異同　異なり・違い・差
移動　場所を移ること
異動　地位・勤務の変更

●かいこ
懐古　昔を懐かしく思うこと
回顧　過去を振り返ること
解雇　仕事を辞めさせること

●かいてい
改訂　内容を改め直すこと
改定　改めて定めること

●かんしん
関心　気にかかること
感心　心に強く感じること
歓心　嬉しいと思う心

寒心　肝を冷やすこと

●きてい
規定　規則・定め
規程　官公庁などの規則

●けんとう
見当　だいたいの推測・判断・
　　　めあて
検討　調べ究めること

●こうてい
工程　作業の順序
行程　距離・みちのり

●じき
直　　すぐに
時期　時・折り・季節
時季　季節・時節
時機　適切な機会

●しゅし
趣旨　趣意・理由・目的
主旨　中心的な意味

●たいけい
体型　人の体格
体形　人や動物の形態
体系　ある原理に基づき個々のも
　　　のを統一したもの
大系　系統立ててまとめた叢書

●たいしょう

対象　行為や活動が向けられる相手

対称　対応する位置にあること

対照　他のものと照らし合わせること

●たんせい

端正　人の行状が正しくきちんとしているさま

端整　人の容姿が整っているさま

●はんざつ

繁雑　ごたごたと込み入ること

煩雑　煩わしく込み入ること

●ほしょう

保障　保護して守ること

保証　確かだと請け合うこと

補償　損害を補い償うこと

●むち

無知　知識・学問がないこと

無恥　恥を知らないこと

●ようけん

要件　必要なこと

用件　なすべき仕事

同訓漢字

●あう

合う…好みに合う。答えが合う。

会う…客人と会う。立ち会う。

遭う…事故に遭う。盗難に遭う。

●あげる

上げる…プレゼントを上げる。効果を上げる。

挙げる…手を挙げる。全力を挙げる。

揚げる…凧を揚げる。てんぷらを揚げる。

●あつい

暑い…夏は暑い。暑い部屋。

熱い…熱いお湯。熱い視線を送る。

厚い…厚い紙。面の皮が厚い。

篤い…志の篤い人。篤い信仰。

●うつす

写す…写真を写す。文章を写す。

映す…映画をスクリーンに映す。鏡に姿を映す。

●おかす

冒す…危険を冒す。病に冒された人。

犯す…犯罪を犯す。法律を犯す。

侵す…領空を侵す。プライバシーを侵す。

●おさめる

治める…領地を治める。水を治める。

収める…利益を収める。争いを収める。

修める…学問を修める。身を修める。

納める…税金を納める。品物を納める。

●かえる

変える…世界を変える。性格を変える。

代える…役割を代える。背に腹は代えられぬ。

替える…円をドルに替える。服を
　　替える。

●きく

聞く…うわさ話を聞く。明日の天
　　気を聞く。

聴く…音楽を聴く。講義を聴く。

●しめる

閉める…門を閉める。ドアを閉め
　　る。

締める…ネクタイを締める。気を
　　引き締める。

絞める…首を絞める。絞め技をか
　　ける。

●すすめる

進める…足を進める。話を進める。

勧める…縁談を勧める。加入を勧
　　める。

薦める…生徒会長に薦める。

●つく

付く…傷が付いた眼鏡。気が付く。

着く…待ち合わせ場所の公園に着
　　く。地に足が着く。

就く…仕事に就く。外野の守備に
　　就く。

●つとめる

務める…日本代表を務める。主役
　　を務める。

努める…問題解決に努める。療養
　　に努める。

勤める…大学に勤める。会社に勤
　　める。

●のぞむ

望む…自分の望んだ夢を追いかけ
　　る。

臨む…記者会見に臨む。決勝に臨
　　む。

●はかる

計る…時間を計る。将来を計る。

測る…飛行距離を測る。水深を測
　　る。

●みる

見る…月を見る。ライオンを見る。

診る…患者を診る。脈を診る。

演習問題

1　カタカナで記した部分の漢字として適切なものはどれか。

1　手続きがハンザツだ　　　　　　【汎雑】
2　誤りをカンカすることはできない　【観過】
3　ゲキヤクなので取扱いに注意する　【激薬】
4　クジュウに満ちた選択だった　　　【苦重】
5　キセイの基準に従う　　　　　　　【既成】

2 下線部の漢字として適切なものはどれか。

家で飼っている熱帯魚を<u>かんしょう</u>する。

1　干渉
2　観賞
3　感傷
4　勧奨
5　鑑賞

3 下線部の漢字として適切なものはどれか。

彼に責任を<u>ついきゅう</u>する。

1　追窮
2　追究
3　追給
4　追求
5　追及

4 下線部の語句について，両方とも正しい表記をしているものはどれか。

1　私と母とは<u>相生</u>がいい。　　・この歌を<u>愛唱</u>している。
2　それは<u>規成</u>の事実である。　・<u>既製</u>品を買ってくる。
3　同音<u>異義</u>語を見つける。　　・会議で<u>意議</u>を申し立てる。
4　選挙の<u>大勢</u>が決まる。　　　・作曲家として<u>大成</u>する。
5　<u>無常</u>の喜びを味わう。　　　・<u>無情</u>にも雨が降る。

5 下線部の漢字として適切なものはどれか。

彼の体調は<u>かいほう</u>に向かっている。

1　介抱
2　快方
3　解放
4　回報
5　開放

1 5

解説 1 「煩雑」が正しい。「汎」は「汎用 (はんよう)」などと使う。
2 「看過」が正しい。「観」は「観光」や「観察」などと使う。 3 「劇薬」
が正しい。「少量の使用であってもはげしい作用のするもの」という意味
であるが「激」を使わないことに注意する。 4 「苦渋」が正しい。苦し
み悩むという意味で，「苦悩」と同意であると考えてよい。 5 「既成概
念」などと使う場合もある。同音で「既製」という言葉があるが，これは
「既製服」や「既製品」という言葉で用いる。

2 2

解説 同音異義語や同訓異字の問題は，その漢字を知っているだけで
は対処できない。「植物や魚などの美しいものを見て楽しむ」場合は「観
賞」を用いる。なお，「芸術作品」に関する場合は「鑑賞」を用いる。

3 5

解説 「ついきゅう」は，特に「追究」「追求」「追及」が頻出である。「追
究」は「あることについて徹底的に明らかにしようとすること」，「追求」
は「あるものを手に入れようとすること」，「追及」は「後から厳しく調べ
ること」という意味である。ここでは，「責任」という言葉の後にあるので，
「厳しく」という意味が含まれている「追及」が適切である。

4 4

解説 1の「相生」は「相性」,2の「規成」は「既成」,3の「意議」は「異
議」,5の「無常」は「無上」が正しい。

5 2

解説 「快方」は「よい方向に向かっている」という意味である。なお，
1は病気の人の世話をすること，3は束縛を解いて自由にすること，4は
複数人で回し読む文書，5は出入り自由として開け放つ，の意味。

四字熟語

□曖昧模糊　あいまいもこ―はっきりしないこと。

□阿鼻叫喚　あびきょうかん―苦しみに耐えられないで泣き叫ぶこと。はなはだしい惨状を形容する語。

□暗中模索　あんちゅうもさく―暗闇で手さぐりでものを探すこと。様子がつかめずどうすればよいかわからないままやってみること。

□以心伝心　いしんでんしん―無言のうちに心から心に意思が通じ合うこと。

□一言居士　いちげんこじ―何事についても自分の意見を言わなければ気のすまない人。

□一期一会　いちごいちえ―一生のうち一度だけの機会。

□一日千秋　いちじつせんしゅう―一日会わなければ千年も会わないように感じられることから，一日が非常に長く感じられること。

□一念発起　いちねんほっき―決心して信仰の道に入ること。転じてある事を成就させるために決心すること。

□一網打尽　いちもうだじん―一網打つだけで多くの魚を捕らえることから，一度に全部捕らえること。

□一獲千金　いっかくせんきん―一時にたやすく莫大な利益を得ること。

□一挙両得　いっきょりょうとく―一つの行動で二つの利益を得ること。

□意馬心猿　いばしんえん―馬が走り，猿が騒ぐのを抑制できないことにたとえ，煩悩や欲望の抑えられないさま。

□意味深長　いみしんちょう―意味が深く含蓄のあること。

□因果応報　いんがおうほう―よい行いにはよい報いが，悪い行いには悪い報いがあり，因と果とは相応じるものであるということ。

□慇懃無礼　いんぎんぶれい―うわべはあくまでも丁寧だが，実は尊大であること。

□有為転変　ういてんぺん―世の中の物事の移りやすくはかない様子のこと。

□右往左往　うおうさおう―多くの人が秩序もなく動き，あっちへ行ったりこっちへ来たり，混乱すること。

□右顧左眄　うこさべん―右を見たり，左を見たり，周囲の様子ばかりう
　　　　　　かがっていて決断しないこと。

□有象無象　うぞうむぞう―世の中の無形有形の一切のもの。たくさん集
　　　　　　まったつまらない人々。

□海千山千　うみせんやません―経験を積み，その世界の裏まで知り抜い
　　　　　　ている老獪な人。

□紆余曲折　うよきょくせつ―まがりくねっていること。事情が込み入っ
　　　　　　て，状況がいろいろ変化すること。

□雲散霧消　うんさんむしょう―雲や霧が消えるように，あとかたもなく
　　　　　　消えること。

□栄枯盛衰　えいこせいすい―草木が繁り，枯れていくように，盛んになっ
　　　　　　たり衰えたりすること。世の中の浮き沈みのこと。

□栄耀栄華　えいようえいが―権力や富貴をきわめ，おごりたかぶること。

□会者定離　えしゃじょうり―会う者は必ず離れる運命をもつというこ
　　　　　　と。人生の無常を説いたことば。

□岡目八目　おかめはちもく―局外に立ち，第三者の立場で物事を観察す
　　　　　　ると，その是非や損失がよくわかるということ。

□温故知新　おんこちしん―古い事柄を究め新しい知識や見解を得るこ
　　　　　　と。

□臥薪嘗胆　がしんしょうたん―たきぎの中に寝，きもをなめる意で，目
　　　　　　的を達成するのために苦心，苦労を重ねること。

□花鳥風月　かちょうふうげつ―自然界の美しい風景，風雅のこころ。

□我田引水　がでんいんすい―自分の利益となるように発言したり行動し
　　　　　　たりすること。

□画竜点睛　がりょうてんせい―竜を描いて最後にひとみを描き加えたと
　　　　　　ころ，天に上ったという故事から，物事を完成させるために
　　　　　　最後に付け加える大切な仕上げ。

□夏炉冬扇　かろとうせん―夏の火鉢，冬の扇のようにその場に必要のな
　　　　　　い事物。

□危急存亡　ききゅうそんぼう―危機が迫ってこのまま生き残れるか滅び
　　　　　　るかの瀬戸際。

□疑心暗鬼　ぎしんあんき―心の疑いが妄想を引き起こして実際にはいな
　　　　　　い鬼の姿が見えるようになることから，疑心が起こると何で

もないことまで恐ろしくなること。

□玉石混交　ぎょくせきこんこう―すぐれたものとそうでないものが入り
混じっていること。

□荒唐無稽　こうとうむけい―言葉や考えによりどころがなく，とりとめ
もないこと。

□五里霧中　ごりむちゅう―迷って考えの定まらないこと。

□針小棒大　しんしょうぼうだい―物事を大袈裟にいうこと。

□大同小異　だいどうしょうい―細部は異なっているが総体的には同じで
あること。

□馬耳東風　ばじとうふう―人の意見や批評を全く気にかけず聞き流すこ
と。

□波瀾万丈　はらんばんじょう―さまざまな事件が次々と起き，変化に富
むこと。

□付和雷同　ふわらいどう――定の見識がなくただ人の説にわけもなく賛
同すること。

□粉骨砕身　ふんこつさいしん―力の限り努力すること。

□羊頭狗肉　ようとうくにく―外見は立派だが内容がともなわないこと。

□竜頭蛇尾　りゅうとうだび―初めは勢いがさかんだが最後はふるわない
こと。

□臨機応変　りんきおうへん―時と場所に応じて適当な処置をとること。

演習問題

1　「海千山千」の意味として適切なものはどれか。

1　様々な経験を積み，世間の表裏を知り尽くしてずる賢いこと

2　今までに例がなく，これからもあり得ないような非常に珍しいこと

3　人をだまし丸め込む手段や技巧のこと

4　一人で千人の敵を相手にできるほど強いこと

5　広くて果てしないこと

2 四字熟語として適切なものはどれか。
1 竜頭堕尾
2 沈思黙考
3 孟母断危
4 理路正然
5 猪突猛伸

3 四字熟語の漢字の使い方がすべて正しいものはどれか。
1 純真無垢　　青天白日　　疑心暗鬼
2 短刀直入　　自我自賛　　危機一髪
3 厚顔無知　　思考錯誤　　言語同断
4 異句同音　　一鳥一石　　好機当来
5 意味深長　　興味深々　　五里霧中

4 「一蓮托生」の意味として適切なものはどれか。
1 一味の者を一度で全部つかまえること。
2 物事が順調に進行すること。
3 ほかの事に注意をそらさず，一つの事に心を集中させているさま。
4 善くても悪くても行動・運命をともにすること。
5 妥当なものはない。

5 故事成語の意味で適切なものはどれか。
「塞翁(さいおう)が馬」
1 たいして差がない
2 幸不幸は予測できない
3 肝心なものが欠けている
4 実行してみれば意外と簡単
5 努力がすべてむだに終わる

◯◯◯解答・解説◯◯◯

1 1

解説　2は「空前絶後」，3は「手練手管」，4は「一騎当千」，5は「広大無辺」である。

2 2

解説　2の沈思黙考は，「思いにしずむこと。深く考えこむこと。」の意味である。なお，1は竜頭蛇尾(始めは勢いが盛んでも，終わりにはふるわないこと)，3は孟母断機(孟子の母が織りかけの織布を断って，学問を中途でやめれば，この断機と同じであると戒めた譬え)，4は理路整然(話や議論の筋道が整っていること)，5は猪突猛進(いのししのように向こう見ずに一直線に進むこと)が正しい。

3 1

解説　2は「単刀直入」「自画自賛」，3は「厚顔無恥」「試行錯誤」「言語道断」，4は「異口同音」「一朝一夕」「好機到来」，5は「興味津々」が正しい。四字熟語の意味を理解する際，どのような字で書かれているかを意識するとよい。

4 4

解説　「一蓮托生」は，よい行いをした者は天国に行き，同じ蓮の花の上に生まれ変わるという仏教の教えから，「(ことの善悪にかかわらず)仲間として行動や運命をともにすること」をいう。

5 2

解説　「塞翁が馬」は「人間万事塞翁が馬」と表す場合もある。1は「五十歩百歩」，3は「画竜点睛に欠く」，4は「案ずるより産むが易し」，5は「水泡に帰する」の故事成語の意味である。

文法

Ⅰ 品詞の種類

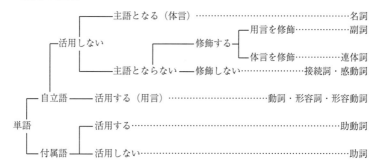

```
                 ┌── 主語となる（体言）···············································名詞
                 │                            ┌── 用言を修飾················副詞
      ┌─活用しない┤            ┌── 修飾する──┤
      │          │            │              └── 体言を修飾··········連体詞
      │          └── 主語とならない ── 修飾しない···········接続詞・感動詞
 ┌─自立語 ── 活用する（用言）···············動詞・形容詞・形容動詞
単語┤
 │   ┌── 活用する············································助動詞
 └─付属語 ┤
          └── 活用しない········································助詞
```

Ⅱ 動詞の活用形

活用	基本	語幹	未然	連用	終止	連体	仮定	命令
五段	読む	読	ま　も	み	む	む	め	め
上一段	見る	見	み	み	みる	みる	みれ	みよ
下一段	捨てる	捨	て	て	てる	てる	てれ	てよ　てろ
カ変	来る	来	こ	き	くる	くる	くれ	こい
サ変	する	す	さ　し　せ	し	する	する	すれ	せよ　しろ
	主な接続語		ナイ　ウ・ヨウ	マス　テ・タ	言い切る	コト　トキ	バ	命令

Ⅲ 形容詞の活用形

基本	語幹	未然	連用	終止	連体	仮定	命令
美しい	うつくし	かろ	かっ　く	い	い	けれ	○
主な用法		ウ	ナルタ	言い切る	体言	バ	

Ⅳ 形容動詞の活用形

基本	語幹	未然	連用		終止	連体	仮定	命令
静かだ	静か	だろ	だっ　で	に	だ	な	なら	○
主な用法		ウ	タ　アル　ナル		言い切る	体言	バ	

V　文の成分

主語・述語の関係………花が ─ 咲いた。
修飾・被修飾の関係……きれいな ─ 花。
接続の関係………………花が咲いた<u>ので</u>，花見をした。
並立の関係………………<u>赤い花と白い花</u>。
補助の関係………………花が<u>咲いている</u>。（二文節で述語となっている）

〈副詞〉自立語で活用せず，単独で文節を作り，多く連用修飾語を作る。
状態を表すもの…………ついに・さっそく・しばらく・ぴったり・すっかり
程度を表すもの…………もっと・すこし・ずいぶん・ちょっと・ずっと
陳述の副詞………………決して〜ない・なぜ〜か・たぶん〜だろう・もし〜ば

〈助動詞〉付属語で活用し，主として用言や他の助動詞について意味を添える。
① 使役……せる・させる（学校に行か<u>せる</u>　服を着<u>させる</u>）
② 受身……れる・られる（先生に怒ら<u>れる</u>　人に見<u>られる</u>）
③ 可能……れる・られる（歩いて行か<u>れる</u>距離　まだ着<u>られる</u>服）
④ 自発……れる・られる（ふと思い出さ<u>れる</u>　容態が案じ<u>られる</u>）
⑤ 尊敬……れる・られる（先生が話さ<u>れる</u>　先生が来<u>られる</u>）
⑥ 過去・完了……た（話を聞い<u>た</u>　公園で遊ん<u>だ</u>）
⑦ 打消……ない・ぬ（僕は知ら<u>ない</u>　知ら<u>ぬ</u>存ぜ<u>ぬ</u>）
⑧ 推量……だろう・そうだ（晴れる<u>だろう</u>　晴れ<u>そうだ</u>）
⑨ 意志……う・よう（旅行に行こ<u>う</u>　彼女に告白し<u>よう</u>）
⑩ 様態……そうだ（雨が降り<u>そうだ</u>）
⑪ 希望……たい・たがる（いっぱい遊び<u>たい</u>　おもちゃを欲し<u>がる</u>）
⑫ 断定……だ（悪いのは相手の方<u>だ</u>）
⑬ 伝聞……そうだ（試験に合格した<u>そうだ</u>）
⑭ 推定……らしい（明日は雨<u>らしい</u>）
⑮ 丁寧……です・ます（それはわたし<u>です</u>　ここにあり<u>ます</u>）
⑯ 打消推量・打消意志……まい（そんなことはある<u>まい</u>　けっして言う<u>まい</u>）

〈助詞〉付属語で活用せず，ある語について，その語と他の語との関係を補助したり，意味を添えたりする。

① 格助詞……主として体言に付き，その語と他の語の関係を示す。
　　→が・の・を・に・へ・と・から・より・で・や
② 副助詞……いろいろな語に付いて，意味を添える。
　　→は・も・か・こそ・さえ・でも・しか・まで・ばかり・だけ・など
③ 接続助詞……用言・活用語に付いて，上と下の文節を続ける。
　　→ば・けれども・が・のに・ので・ても・から・たり・ながら
④ 終助詞……文末（もしくは文節の切れ目）に付いて意味を添える。
　　→なあ（感動）・よ（念押し）・な（禁止）・か（疑問）・ね（念押し）

演習問題

1 次のア〜オのうち，下線部の表現が適切でないものはどれか。
1 彼はいつもまわりに愛嬌をふりまいて，場を和やかにしてくれる。
2 的を射た説明によって，よく理解することができた。
3 舌先三寸で人をまるめこむのではなく，誠実に説明する。
4 この重要な役目は，彼女に白羽の矢が当てられた。
5 二の舞を演じないように，失敗から学ばなくてはならない。

2 次の文について，言葉の用法として適切なものはどれか。
1 矢折れ刀尽きるまで戦う。
2 ヘルプデスクに電話したが「分かりません」と繰り返すだけで取り付く暇もなかった。
3 彼の言動は肝に据えかねる。
4 彼は証拠にもなく何度も賭け事に手を出した。
5 適切なものはない。

3 下線部の言葉の用法として適切なものはどれか。
1 彼はのべつ暇なく働いている。
2 あの人の言動は常軌を失っている。
3 彼女は熱に泳がされている。
4 彼らの主張に対して間髪をいれずに反論した。
5 彼女の自分勝手な振る舞いに顔をひそめた。

4 次の文で，下線部が適切でないものはどれか。
1 ぼくの目標は，兄より早く走れるように<u>なること</u>です。
2 先生の<u>おっしゃること</u>をよく聞くのですよ。
3 昨日は家で本を読んだり，テレビを<u>見て</u>いました。
4 風にざわめく木々は，まるで私たちにあいさつをしている<u>ようだった</u>。
5 先生の業績については，よく<u>存じております</u>。

5 下線部の言葉の用法が適切でないものはどれか。
1 <u>急いては事を仕損じる</u>ので，マイペースを心がける。
2 彼女は<u>目端が利く</u>。
3 <u>世知辛い</u>世の中になったものだ。
4 安全を<u>念頭に置いて</u>作業を進める。
5 次の試験に<u>標準を合わせて</u>勉強に取り組む。

○○○解答・解説○○○

1 4

解説 1の「愛嬌をふりまく」は，おせじなどをいい，明るく振る舞うこと，2の「的を射る」は的確に要点をとらえること，3の「舌先三寸」は口先だけの巧みに人をあしらう弁舌のこと，4はたくさんの中から選びだされるという意味だが，「白羽の矢が当てられた」ではなく，「白羽の矢が立った」が正しい。5の「二の舞を演じる」は他人がした失敗を自分もしてしまうという意味である。

2 5

解説 1「刀折れ矢尽きる」が正しく，「なす術がなくなる」という意味である。 2 話を進めるきっかけが見つからない。すがることができない，という意味になるのは「取り付く島がない」が正しい。 3 「言動」という言葉から，「我慢できなくなる」という意味の言葉を使う必要がある。「腹に据えかねる」が正しい。 4 「何度も賭け事に手を出した」という部分から「こりずに」という意味の「性懲りもなく」が正しい。

3 4

解説　1「のべつ幕なしに」、2は「常軌を逸している」、3は「熱に浮かされている」、5は「眉をひそめた」が正しい。

4 3

解説　3は前に「読んだり」とあるので、後半も「見たり」にしなければならないが、「見ていました」になっているので表現として適当とはいえない。

5 5

解説　5は、「狙う、見据える」という意味の「照準」を使い、「照準を合わせて」と表記するのが正しい。

演習問題

1 次の文章を意味が通るように並べ替えたとき，順番として最も適切な
ものはどれか。

A 読書にしたしむ工夫の一つは，自分に興味のあるもの，いや，読み
出したらご飯を食べるのも忘れるほど興味のある本をまず読むことで
す。そんな本を見つけ出せというと，大変むつかしい注文のように聞
こえるけれども，決してそうではない。健康な中学生，高校生なら世
界の名作といわれるものの必ずしも全部ではないが，その半分，ある
いはその三分の一くらいの文学作品には，必ず強い興味をひかれるは
ずだと思うのです。

B 面白い長篇小説を読み上げると，きっと人に話したくなるものです
が，友だちにすすめてこれを読ませ，仲間で討論会―それほどむつか
しく考えなくてもいいけれども，ここは面白かった，あそこの意味は
よくわからなかった，というような話合いをすること，これが第二の
手だてです。手だてというとかた苦しいが，読後の感想を，気心の知
れた友達と語り合うということは，なかなか楽しいことなのです。話
合うクセがつくと，読んだことも頭と心に深くしみ込むし，また次の
本を読みたい気持もそそられてくるに違いありません。

C 自分の好きな本を見つけて，読み上げる。そういうことを何回も重
ねてゆくということが第一の手だてです。そうするうちに本を読むス
ピードも自然に早くなるし，また自分は大きな本でも読みあげる力が
あるという自信がつきます。すべての人間のすることは，ぼくにはこ
れがやれる，という自信をもってやらなければ，うまく成功しないも
のですが，読書もまた同じことで，自分の読書力についての自信を強
めることが第一です。そのためには若い諸君は，文学ならおもしろい
長篇小説，たとえばスタンダールの『赤と黒』だとか，トルストイの『復
活』だとか，あの程度の長さの名作を読むことをおすすめします。

(『私の読書遍歴』桑原武夫著)

1 A － B － C
2 A － C － B
3 B － C － A

4　C－B－A

5　C－A－B

2　次の文章中の（　　）内に，あとのア～キの７つの文を並べ替えて入れると意味の通った文章になる。並べ方の最も適切なものはどれか。

　以上は，わたしが読む人間から書く人間へ変化していった過程である。わたしの精神が読む働きから書く働きへ移っていったコースである。もちろん，（　　　　　　　　）特別の天才は別として，わたしたちは，多量の精神的エネルギーを放出しなければ，また，精神の戦闘的な姿勢がなければ，小さな文章でも書くことはできないのである。

ア　それに必要な精神的エネルギーの量から見ると，書く，読む，聞く……という順でしだいに減っていくようである。

イ　すなわち，読むという働きがまだ受動的であるのに反して，書くという働きは完全に能動的である。

ウ　しかし，書くという働きに必要なエネルギーは読むという働きに必要なエネルギーをはるかに凌駕する。

エ　そこには，精神の姿勢の相違がある。

オ　読むという働きは，聞くという働きなどに比べれば多量のエネルギーを必要とする。

カ　同様に精神の働きではあるが，一方はかなりパッシブであり，他方は極めてアクチブである。

キ　更に考えてみると，読む働きと書く働きとの間には，必要とするエネルギーの大小というだけでなく，もっと質的な相違があると言わねばならない。

1　ア－ウ－オ－キ－エ－イ－カ

2　オ－ウ－ア－キ－エ－イ－カ

3　オ－イ－カ－ウ－ア－キ－エ

4　エ－オ－ウ－イ－カ－キ－ア

5　オ－ア－イ－カ－ウ－キ－エ

3　次の文章の並べ替え方として最も適切なものはどれか。

A　マジックの番組かと思ったらそうではなかった。政治討論の番組であり，声を荒らげていたのは，年金の記録が不明確になってしまったものの表現について話している途中の部分だった。

B　政府側からみれば，「消えた」のではなく，誰に払うべきか分からな

くなってしまったものであるから、「宙に浮いた」と表現したいといったところか。

C　要するにどの立場に立つかによって表現の仕方は変わるのである。逆に言えば、どの表現を用いているかをみれば、その人が、どの立場で、誰の味方となって発言しているかが分かるのである。

D　もらえなかった人にとっては、「消えた」という表現がぴったりであろう。自分が信じて払い、受給する権利がなくなってしまうのであるから、それ以上の表現はない。

E　テレビをつけたままで仕事をしていたら、「消えたのではなく宙に浮いたのだ」と誰かが声を荒らげていた。

1　E－C－A－D－B
2　E－B－D－A－C
3　E－A－D－C－B
4　E－A－D－B－C
5　E－B－D－C－A

○○○解答・解説○○○

① 2

解説　Cに「第一の手だて」、Bに「第二の手だて」とあるので、C、Bという順番はわかるだろう。Aをどこに置くかで悩むかもしれないが、Cに「自分の好きな本を見つけて」とあり、これがAの「興味のある本を見つけ出すことは決して難しいことではない」という内容につながっていると考えられる。よって、Cの前にAが来ると考えられる。

② 2

解説　出典は清水幾太郎の『論文の書き方』ある。文章を整序する問題は、指示語や接続語に注意しながら、文意が通るように並べ替えていくことが大切である。この問題の場合、選択肢をヒントととらえると「もちろん」の直後には「ア・エ・オ」のいずれかが入ることがわかる。アは「それに必要な精神的エネルギーの量から見ると……」という文になっているので、文頭の「それに」は接続詞ではなく「それ（代名詞）＋に（助詞）」の指示語ととらえられる。そうすると、「もちろん」の直後に入れた場合文意が通らなくなるので、アで始まっている1は誤りとして消去できる。同様にエ

も「そこ」に注目すると文意が通らないことがわかるので，4も消去できる。オは文意が通るので2・3・5について検討していけばよいことになる。したがってオの後ろには「ア・イ・ウ」のいずれかが入ることがわかる。それぞれをあてはめていくと，逆接の接続詞「しかし」で始まっているウが最も文意が通ることに気づく。そうなると2しか残らない。2の順番どおりに読み進めていき，流れがおかしくないかどうか検討し，おかしくなければ正答とみなすことができる。よって，正答は2。

$\boxed{3}$ 4

解説 作問者による書き下ろし。「発端」「発端についての説明」「まとめ」といった構成になっている。「発端」はEであり，「まとめ」の部分についてはCが該当する。「発端についての説明」については，Aにおいてテレビから聞こえた内容を明らかにし，「消えた」とする立場 (D)，「宙に浮いた」とする立場 (B) からそれぞれ説明している。

演習問題

[1] 次の文章の内容と一致するものはどれか。

　そもそも神学というものは一般に何かある特定の宗教の信仰内容を論理的な教義に組織したものであります。どういう宗教でも伝道ということを意図する以上は，人を説得するために必ずそういう神学をもたざるをえない。世界的宗教というような，そういう一般人類に通ずる宗教ということを標榜する宗教においては，必ずその宗教を他に伝える伝道ということがその任務に属している。ところで伝道とは，言葉で人に語って，人を説得することをいうわけだから，そこにおのずから論理的に思考し論証するということがなければならなくなる。論理的ということは，そういう場合には論証的，推論的ということになる。ただわれわれが物を考えるというだけならば必ずしも論理的とはいわれない。（略）論理的ということは推論的ということである。ヘーゲルが論理的というのはそういう推論的という意味です。

1 ヘーゲルのいう推論は，論理性を離れたものを前提としている。
2 世界宗教の開祖は，自らの教義の確立の時点において，神学の構築を意識していた。
3 私たちの思考は，必然的に論理的なものになりうる。
4 論理的であることと，推論的であることは，互いに深い繋がりがある。
5 宗教的な信仰は，純粋な感情を出発点にするので，論理による説得にはなじまない。

[2] 次の文の空欄に入る語句として，最も適切なものはどれか。

　自分がその真只中を生きている老いがある一方には，まだ若い年齢で遠くから眺めている老いというものもあります。老化の進行する具体的体験を持たぬ分だけ，それはいわば観念としての老いであり，観察対象としての老いであるかもしれない。しかし見方によっては，そこに老人自身が描くのとは異なった老いの客観像が浮かび出ているとも言えるでしょう。

　文学作品の場合，もし若くして老年や老人を描くとしたら，その中に特別の意味が隠されているように思われます。自らが渦中にある老いを捉えた優れた小説に切実なリアリティーが宿るのは確かですが，（　　　）には，

また別の，いわば思念としての切実さやリアリティーが孕まれているのではないでしょうか。人の生涯を遠望した上で，その終りに近い老年に託されたものの姿が垣間見えると考えられるからです。

1　当事者の立場から感じられる老い
2　傍観者として眺められた老い
3　距離を置いて眺められた老い
4　実体験に基づいた老い
5　想像力のみによってとらえられた老い

3　次の文章の要旨として正しいものはどれか。

　私たちは，日常の生活の中で話したり聞いたり，書いたり読んだりしている。すなわち，言語行動は日常生活の中におり込まれている。ちょっと考えてみても，朝起きると新聞を「読む」，出かける前に天気予報を「聞く」，店先で買い物をしたり，役所の窓口で手つづきをしたりするときは「言う」あるいは「話す」，遠くの人に用事があれば手紙を「書く」。——こうした言語行動は，そのことだけ切りはなされていとなまれるのではなく，いろいろな目的を持ち，さまざまの結果につながっている。新聞を読むことによって知識を得たり教養をつんだり，そこから自分の生活の方針を考えたりすることができる。天気予報を聞くのは，傘を用意するかしないか，遠方へ出かけるかどうか，これからの行動を決行することに関係する。店先で買物をするとき店員と話したり，銀行の窓口でものを言ったりすることは，何よりも切実な〈経済生活〉を遂行するためには不可欠のことである。

　こんな例からもわかるように，言語行動は日常生活の中に位置して，その重要な部分をなしている。家庭であろうと，店先であろうと，学校であろうと，オフィスであろうと，はたまた，駅であろうと，路上であろうと，人と人との寄り合うところには，必ず言語行動が行われる。

1　言語には「話す」「聞く」「書く」「読む」の4つの側面がある。
2　話し言葉，書き言葉にはそれぞれの役割がある。
3　言語を駆使できないと，社会生活に支障をきたす。
4　人間が社会生活を営めるのは言語を持っているからだ。
5　社会生活にとって，言語は不可欠である。

4 次の文章中で筆者が友人たちに対して感じた「よそよそしさ」の原因と考えられるものはどれか。

　一九五八年，おそらく戦後はじめての大がかりな規模の日本古美術欧州巡回展が開催されたことがある。当時パリに留学中であった私は，思いがけなく，日本でもそう容易に見ることのできない数多くの故国の秘宝と直接異国で接する機会を得たわけだが，その時，フランス人の友人たちと何回か会場を廻りながら，私は大変興味深い体験を味わった。

　それは，同じ作品を前にしながら，フランスの友人たちの反応の仕方と私自身のそれとのあいだに微妙な喰い違いのあるのに気づかされたことである。といってそれは，彼らが必ずしも日本美術に無理解だというのではない。私の通っていたパリの美術研究所の優秀な仲間で，東洋美術についてかなり深い知識を持っている人でも事情は同じなのである。一般的に言って，彼らの作品評価はおおむね正当である。おおむね正当でありながら，ほんのわずかのところでわれわれ日本人と喰い違っている。そのほんのわずかの喰い違いというのが私には意味深いことのように思われたのである。

　そのことはおそらく，その古美術展の会場で，私がフランス人の友人たちに対し，例えば，ルーヴル美術館をいっしょに見る時などには決して感じたことのないような一種のよそよそしさを感じたことと無縁ではないに違いない。平素は何の気がねもなくつきあっている気心の知れた友人たちが雪舟や等伯の作品を前にしていると，ほとんどそれと気づかないくらいわずかながら，私から距離が遠くなったように感じられたのである。それはあるいは，私ひとりの思い過ごしであったのかもしれない。われわれのあいだで会話は平素と少しも変った調子を響かせなかったし，友人たちの方でも何ら変った態度を見せたわけではない。いやおそらくそういう私自身にしても，外から見たかぎりではまったくふだんと同じであったろう。しかもそれでいて私が彼らに対して漠然とながら一種のよそよそしさを覚えたとしたら，それはいったい何を物語っていたのだろう。

　1　日本古美術に対する友人たちの無関心
　2　雪舟や等伯に対する友人たちの無関心
　3　雪舟や等伯に対する友人たちの違和感
　4　日本画に対する友人たちの不見識
　5　友人たちの自国（フランス）の文化に対する優越感

5 次の文章の下線部はどのようなことを指しているか。

　珠算での計算において，ソロバンの珠の動かし方そのものは単純である。数時間もあれば，そのやり方を学ぶことができる。そこで，その後の珠算塾での「学習」は，もっぱら計算（珠の操作）が速くなることに向けられる。一定時間内に，桁数の大きい数の計算がどのくらいたくさん誤りなくできるかによって珠算の「実力」が評価され，「級」や「段」が与えられる。子どもたちは，より上の級に上がるため，珠算での計算の速度を速めるよう練習をくり返すのである。

　そこでは多くの場合，なぜこのやり方はうまくいくのか，このステップはどんな意味をもっているのか，などを考えてみようとはしないであろう。教えられたやり方を使って計算しさえすれば，正しい答えがちゃんと出てくるし，何度もくり返し練習すれば確実に速くなる。そして望み通り，級も上へと進むことができるのである。したがって，珠算での熟達者は，計算は非常に速いが，珠算の手続きの本質的意味については理解していない，ということが起こりやすい。

1　教えられたやり方を疑ってみること
2　なぜ珠算が熟達したのかと考えてみること
3　なぜ珠算を練習する必要があるのかということ
4　珠算の各ステップはどんな意味を持っているのかということ
5　珠算の習熟には計算能力の向上以外の意義があるということ

6 次の文の要旨として，正しいものはどれか。

　法律では，十八歳になると誰でも自分の生き方を選ぶ権利がある，ということになっている。つまり法律上誰でも「自由」を保証される。でもここには原則がある。

　近代社会では，人が「自由」を保証されるのは，人間が生まれつき自由だから，というのではぜんぜんありません。十八歳くらいになれば，他人の自由を尊重することができ，万一誰かの自由を損なったらきちんとそれを償う能力があるはずだ，ということです。他人の自由を尊重し，守れる能力がある，そのことで，はじめて人は「自由」と「人権」を保証される。そういう原則になっている。それが「自由の相互承認」ということです。

　こう言うと，「だったら身障者の人たちはどうなるんだ」という人もいるでしょう。たしかにそうで，知力や身体性に難があるために，他人の自由を損なったとき，それを補償する能力をもたない人もいるが，そういう人には人権はないのか，と。

これは責任と義務を共有できる人間どうしで，そういう人の自由と権利も確保しようという合意を取り決めているのです。誰でも自分の家族にそういうハンデある人を身内としてもつ可能性があるわけですから。

1　18歳未満の子供には，自由と人権は与えてはならない。

2　どんな人にでも，自由と人権は無条件で保証されるべきだ。

3　近代社会では18歳になれば，だれにでも自由は与えられる。

4　自由と人権を獲得するには，責任能力を持つ必要がある。

5　障害者の人たちには，自由と人権は与えられていない。

7　次の文章の内容として一致しているものはどれか。

　多くの場合，「批判」という言葉を聞いて連想することは，「相手を攻撃する」などといったイメージである。しかしながら，批判とは，本来，検討を充分に加えた上で批評するものであり，また，「批判」と訳されるドイツ語のクリティークは，「よいものを選び取る」というニュアンスが強い。いずれにしても，相手を感情的に攻撃することとは，似て非なるものであるといえよう。

　かつて，シュンペーターという経済学者は，同時代に活躍した経済学者であるケインズについて，真っ向から異なる見解を述べながら批評を続けた。一方，ケインズが亡くなった後に書いた追悼論文では，異なる見解を述べることを控えつつ，亡き学者の実績と学説を細部にいたるまでまとめ上げた。私達は，ここに本来あるべき批判の姿勢をみることができる。

　自らと異なる見解を持つ者に感情をぶつけることは本当の意味での批判でなく，ましてや学問のあるべき姿勢にはなじまない。異なる見解だからこそ，詳細に検討し，誤りと考える部分をその根拠を挙げながら論理的に指摘し，筋道立てて自説を展開しければならない。

1　批判の出発点は，相手を攻撃することである。

2　ドイツ語のクリティークという概念こそ，批判の対象となるべきものである。

3　ケインズとシュンペーターは，互いの経済学説について激しい論争を繰り広げた。

4　ケインズについて述べたシュンペーターによる追悼論文には，詳細な研究の跡が反映されていた。

5　学者にとって批判精神は命そのものであり，批判の型も個性的なものでなければならない。

◇◇◇解答・解説◇◇◇

1 4

解説 藤田正勝編『哲学の根本問題 数理の歴史主義展開』P69より。
1 最後の一文と一致しない。 2 宗教の開祖についての言及はない。
3 「ただわれわれが物を考えるというだけならば必ずしも論理的とはいわれない。」の部分と一致しない。 4 正しい。「論理的ということは，そういう場合には論証的，推論的ということになる。」という部分の主旨と一致する。 5 伝道の際に，人々を説得するために，信仰内容を論理的な教義に組織した神学が不可欠であるとしている。

2 3

解説 黒井千次『老いるということ』。 1 適切でない。空欄直前の「自らが渦中にある老いを捉えた優れた小説に切実なリアリティーが宿るのは確かですが」と矛盾する。空欄には，高齢者の立場から老いを論じる態度を表す語句は入らない。 2 適切でない。「傍観者」という言葉では，老いに対する関心が希薄な意味合いに受け取られる。 3 適切。まだ高齢者ではない人の視点から老いの本質を客観的に分析する態度を指している。 4 適切でない。設問が要求しているのは，自分自身が老いをまだ経験していないという前提に基づいている語句である。 5 適切でない。空欄後の「切実さやリアリティー」と矛盾する。想像力だけでは老いの本質をとらえるには不十分。

3 5

解説 金田一春彦『話し言葉の技術』。 1 言語の持つ4つの側面について，筆者は例を挙げて説明しているが，設問文の要旨としては不十分。
2 設問文は，話し言葉と書き言葉の役割について述べた文ではない。言語の性質について論じている。 3 日本に住む外国人が，必ずしも日本語を駆使できなくても暮らしていけるように，言語を駆使できるレベルでなくても社会生活を営むことはできる。また言語を駆使できないと生活に支障をきたすとは，どういうことかについての具体的な記述がない。
4 人間以外の動物も仲間とコミュニケーションをとり，社会生活を営んでいる。 5 正しい。私たちが社会生活を営む際に，言語を用いないですませるということはまったく考えられない。

4 　3

解説　高階秀爾『日本近代美術史論』。雪舟，（長谷川）等伯は，ともに日本を代表する水墨画家である。雪舟は室町時代，等伯は安土桃山時代に活躍した。雪舟の代表作は「四季山水図」，等伯の代表作は「松林図屏風」である。　1　友人たちが日本古美術に対してまったく関心がないのなら，筆者に同行することはあり得ない。　2　友人たちは，雪舟や等伯の作品に対して大いに関心を持っていた。　3　正しい。友人たちのよそよそしさは，雪舟と等伯の作品に対する言葉では言い表せない違和感が原因と考えられる。　4　日本画に対する不見識とはあまりにも的外れである。　5　友人たちが，自国の文化に対する優越感のせいで，雪舟や等伯を理解できなかったとはまったく考えられない。

5 　4

解説　稲垣佳世子・波多野誼余夫『人はいかに学ぶか』。この文章の要旨は，「珠算塾では計算（珠の操作）が速くなることを練習する。子どもたちの目的も，速く誤りなく計算し，上の級に上がることである。そこでは多くの場合，なぜこのやり方はうまくいくのか，このステップはどんな意味をもっているのかなどを考えてみようとはしないであろう。」ということ。「珠算の手続き」とは珠の動かし方であり，桁のくり上がりやくり下がりなど，「この問題のときはこの動かし方」という練習して覚えた各ステップのこと。「珠算の手続きの本質的意味」とは，「なぜ珠をそのように動かすのか」，「この手続きは数学的にどのような意味をもつのか」ということである。よって，正答は4。

6 　4

解説　竹田青嗣『中学生からの哲学「超」入門』より。　1　18歳になれば法律上自由に生き方を選択する権利があるが，18歳未満の子供に自由や人権がまったくないということではない。　2　本文は近代社会において人が自由と人権を得るための条件について論じている。無条件ということではない。　3　18歳になれば法律上誰でも自由を保証されるのであって，無条件で自由になれるわけではない。　4　正しい。自分の行動に責任が持てるようになって初めて自由と人権が与えられる。その目安を法律は18歳と定めている。　5　障害者にも自由と人権が保証される。現代社会では，障害者に責任能力がないという理由で，自由や人権が与えられな

いということは現実的ではない。

7 4

解説 　1　批判とは，本来は，検討を十分に加えるものであるとの記述
がある。　2　ドイツ語のクリティークについては，むしろ肯定的に捉え
られている。　3　ケインズがシュンペーターを批判したとの記述はない。
4　正しい。第2段落の内容と一致している。　5　批判精神そのものを重
視する記述や，批判の型が個性的であるべきという記述はない。

非言語分野

演習問題

1 分数 $\frac{30}{7}$ を小数で表したとき，小数第100位の数字として正しいものはどれか。

1 1 　　2 2 　　3 4 　　4 5 　　5 7

2 $x=\sqrt{2}-1$ のとき，$x+\dfrac{1}{x}$ の値として正しいものはどれか。

1 $2\sqrt{2}$ 　　2 $2\sqrt{2}-2$ 　　3 $2\sqrt{2}-1$ 　　4 $3\sqrt{2}-3$
5 $3\sqrt{2}-2$

3 360の約数の総和として正しいものはどれか。

1 1060 　　2 1170 　　3 1250 　　4 1280 　　5 1360

4 $\dfrac{x}{2}=\dfrac{y}{3}=\dfrac{z}{5}$ のとき，$\dfrac{x-y+z}{3x+y-z}$ の値として正しいものはどれか。

1 -2 　　2 -1 　　3 $\dfrac{1}{2}$ 　　4 1 　　5 $\dfrac{3}{2}$

5 $\dfrac{\sqrt{2}}{\sqrt{2}-1}$ の整数部分を a，小数部分を b とするとき，$a \times b$ の値として正しいものは次のうちどれか。

1 $\sqrt{2}$ 　　2 $2\sqrt{2}-2$ 　　3 $2\sqrt{2}-1$ 　　4 $3\sqrt{2}-3$
5 $3\sqrt{2}-2$

6 $x=\sqrt{5}+\sqrt{2}$，$y=\sqrt{5}-\sqrt{2}$ のとき，x^2+xy+y^2 の値として正しいものはどれか。

1 15 　　2 16 　　3 17 　　4 18 　　5 19

$\boxed{7}$ $\dfrac{\sqrt{2}}{\sqrt{2}-1}$ の整数部分をa, 小数部分をbとするとき, b^2 の値として正しいものはどれか。

 1 $2-\sqrt{2}$ 2 $1+\sqrt{2}$ 3 $2+\sqrt{2}$ 4 $3+\sqrt{2}$

 5 $3-2\sqrt{2}$

$\boxed{8}$ ある中学校の生徒全員のうち, 男子の7.5%, 女子の6.4%を合わせて37人がバドミントン部員であり, 男子の2.5%, 女子の7.2%を合わせて25人が吹奏楽部員である。この中学校の女子全員の人数は何人か。

 1 246人   2 248人   3 250人   4 252人   5 254人

$\boxed{9}$ 連続した3つの正の偶数がある。その小さい方2数の2乗の和は, 一番大きい数の2乗に等しいという。この3つの数のうち, 最も大きい数として正しいものはどれか。

 1 6   2 8   3 10   4 12   5 14

○○○解答・解説○○○

$\boxed{1}$ 5

解説 実際に30を7で割ってみると,
$\dfrac{30}{7}=4.28571428571\cdots\cdots$ となり, 小数点以下は, 6つの数字 "285714" が繰り返されることがわかる。$100\div6=16$ 余り4だから, 小数第100位は, "285714" のうちの4つ目の "7" である。

$\boxed{2}$ 1

解説 $x=\sqrt{2}-1$を$x+\dfrac{1}{x}$に代入すると,

$x+\dfrac{1}{x}=\sqrt{2}-1+\dfrac{1}{\sqrt{2}-1}=\sqrt{2}-1+\dfrac{\sqrt{2}+1}{(\sqrt{2}-1)(\sqrt{2}+1)}$

$=\sqrt{2}-1+\dfrac{\sqrt{2}+1}{2-1}$

$=\sqrt{2}-1+\sqrt{2}+1=2\sqrt{2}$

3 2

解説 360を素因数分解すると，$360 = 2^3 \times 3^2 \times 5$ であるから，約数の総和は $(1 + 2 + 2^2 + 2^3)(1 + 3 + 3^2)(1 + 5) = (1 + 2 + 4 + 8)(1 + 3 + 9)(1 + 5) = 15 \times 13 \times 6 = 1170$ である。

4 4

解説 $\dfrac{x}{2} = \dfrac{y}{3} = \dfrac{z}{5} = A$ とおく。

$x = 2A,\ y = 3A,\ z = 5A$ となるから，

$x - y + z = 2A - 3A + 5A = 4A,\quad 3x + y - z = 6A + 3A - 5A = 4A$

したがって，$\dfrac{x - y + z}{3x + y - z} = \dfrac{4A}{4A} = 1$　である。

5 4

解説 分母を有理化する。

$\dfrac{\sqrt{2}}{\sqrt{2} - 1} = \dfrac{\sqrt{2}(\sqrt{2} + 1)}{(\sqrt{2} - 1)(\sqrt{2} + 1)} = \dfrac{2 + \sqrt{2}}{2 - 1} = 2 + \sqrt{2} = 2 + 1.414\cdots = 3.414\cdots$

であるから，$a = 3$ であり，$b = (2 + \sqrt{2}) - 3 = \sqrt{2} - 1$ となる。

したがって，$a \times b = 3(\sqrt{2} - 1) = 3\sqrt{2} - 3$

6 3

解説 $(x + y)^2 = x^2 + 2xy + y^2$ であるから，

$x^2 + xy + y^2 = (x + y)^2 - xy$ と表せる。

ここで，$x + y = (\sqrt{5} + \sqrt{2}) + (\sqrt{5} - \sqrt{2}) = 2\sqrt{5}$，

$\qquad xy = (\sqrt{5} + \sqrt{2})(\sqrt{5} - \sqrt{2}) = 5 - 2 = 3$

であるから，求める $(x + y)^2 - xy = (2\sqrt{5})^2 - 3 = 20 - 3 = 17$

7 5

解説 分母を有理化すると，

$\dfrac{\sqrt{2}}{\sqrt{2} - 1} = \dfrac{\sqrt{2}(\sqrt{2} + 1)}{(\sqrt{2} - 1)(\sqrt{2} + 1)} = \dfrac{2 + \sqrt{2}}{2 - 1} = 2 + \sqrt{2}$

$\sqrt{2} = 1.4142\cdots\cdots$ であるから，$2 + \sqrt{2} = 2 + 1.4142\cdots\cdots = 3.14142\cdots\cdots$

したがって，$a = 3,\ b = 2 + \sqrt{2} - 3 = \sqrt{2} - 1$ といえる。

したがって，$b^2 = (\sqrt{2} - 1)^2 = 2 - 2\sqrt{2} + 1 = 3 - 2\sqrt{2}$である。

8 3

解説 男子全員の人数を x，女子全員の人数を y とする。

$0.075x + 0.064y = 37\cdots$①

$0.025x + 0.072y = 25\cdots$②

①－②×3より

$$\begin{cases} 0.075x + 0.064y = 37\cdots① \\ 0.075x + 0.216y = 75\cdots②' \end{cases}$$

$$-)$$

$$ -0.152y = -38$$

∴　$152y = 38000$　　∴　$y = 250$　$x = 280$

よって，女子全員の人数は250人。

9 3

解説 3つのうちの一番小さいものを $x(x>0)$ とすると，連続した3つの正の偶数は，x，$x+2$，$x+4$ であるから，与えられた条件より，次の式が成り立つ。$x^2+(x+2)^2=(x+4)^2$　かっこを取って，$x^2+x^2+4x+4=x^2+8x+16$　整理して，$x^2-4x-12=0$　よって，$(x+2)(x-6)=0$　よって，$x=-2$, 6　$x>0$だから，$x=6$ である。したがって，3つの偶数は，6, 8, 10である。このうち最も大きいものは，10である。

演習問題

1 家から駅までの道のりは30kmである。この道のりを，初めは時速5km，途中から，時速4kmで歩いたら，所要時間は7時間であった。時速5kmで歩いた道のりとして正しいものはどれか。

　1　8km　　2　10km　　3　12km　　4　14km　　5　15km

2 横の長さが縦の長さの2倍である長方形の厚紙がある。この厚紙の四すみから，一辺の長さが4cmの正方形を切り取って，折り曲げ，ふたのない直方体の容器を作る。その容積が64cm³のとき，もとの厚紙の縦の長さとして正しいものはどれか。

　1　$6 - 2\sqrt{3}$　　2　$6 - \sqrt{3}$　　3　$6 + \sqrt{3}$　　4　$6 + 2\sqrt{3}$
　5　$6 + 3\sqrt{3}$

3 縦50m，横60mの長方形の土地がある。この土地に，図のような直角に交わる同じ幅の通路を作る。通路の面積を土地全体の面積の$\frac{1}{3}$以下にするには，通路の幅を何m以下にすればよいか。

　1　8m　　2　8.5m　　3　9m　　4　10m
　5　10.5m

4 下の図のような，曲線部分が半円で，1周の長さが240mのトラックを作る。中央の長方形ABCDの部分の面積を最大にするには，直線部分ADの長さを何mにすればよいか。次から選べ。

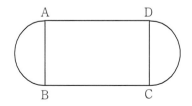

　1　56m　　2　58m　　3　60m　　4　62m　　5　64m

$\boxed{5}$ AとBの2つのタンクがあり，Aには8m³，Bには5m³の水が入っている。Aには毎分1.2m³，Bには毎分0.5m³ずつの割合で同時に水を入れ始めると，Aの水の量がBの水の量の2倍以上になるのは何分後からか。正しいものはどれか。

1　8分後　　2　9分後　　3　10分後　　4　11分後　　5　12分後

○○○解答・解説○○○

$\boxed{1}$　2

解説　時速5kmで歩いた道のりを$x$kmとすると，時速4kmで歩いた道のりは，$(30-x)$kmであり，時間＝距離÷速さ　であるから，次の式が成り立つ。

$$\frac{x}{5}+\frac{30-x}{4}=7$$

両辺に20をかけて，$4x+5(30-x)=7\times 20$

整理して，$4x+150-5x=140$

よって，$x=10$　である。

$\boxed{2}$　4

解説　厚紙の縦の長さを$x$cmとすると，横の長さは$2x$cmである。また，このとき，容器の底面は，縦$(x-8)$cm，横$(2x-8)$cmの長方形で，容器の高さは4cmである。

厚紙の縦，横，及び，容器の縦，横の長さは正の数であるから，

$x>0,\ x-8>0,\ 2x-8>0$

すなわち，$x>8\cdots\cdots$①

容器の容積が64cm³であるから，

$4(x-8)(2x-8)=64$となり，

$(x-8)(2x-8)=16$

これより，$(x-8)(x-4)=8$

$x^2-12x+32=8$となり，$x^2-12x+24=0$

よって，$x=6\pm\sqrt{6^2-24}=6\pm\sqrt{12}=6\pm 2\sqrt{3}$

このうち①を満たすものは，$x=6+2\sqrt{3}$

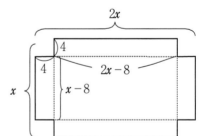

$\boxed{3}$ 4

解説 通路の幅をxmとすると，$0<x<50$……①
また，$50x+60x-x^2\leqq1000$
よって，$(x-10)(x-100)\geqq0$
したがって，$x\leqq10$，$100\leqq x$……②
①②より，$0<x\leqq10$　つまり，10m以下。

$\boxed{4}$ 3

解説 直線部分ADの長さをxmとおくと，$0<2x<240$より，
xのとる値の範囲は，$0<x<120$である。
半円の半径をrmとおくと，
$2\pi r=240-2x$より，
$r=\dfrac{120}{\pi}-\dfrac{x}{\pi}=\dfrac{1}{\pi}(120-x)$

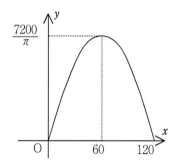

長方形ABCDの面積をym²とすると，
$y=2r\cdot x=2\cdot\dfrac{1}{\pi}(120-x)x$
$\quad=-\dfrac{2}{\pi}(x^2-120x)$
$\quad=-\dfrac{2}{\pi}(x-60)^2+\dfrac{7200}{\pi}$

この関数のグラフは，図のようになる。yは$x=60$のとき最大となる。

$\boxed{5}$ 3

解説 x分後から2倍以上になるとすると，題意より次の不等式が成り立つ。
　　$8+1.2x\geqq2(5+0.5x)$
かっこをはずして，$8+1.2x\geqq10+x$
整理して，$0.2x\geqq2$　よって，$x\geqq10$
つまり10分後から2倍以上になる。

演習問題

1 1個のさいころを続けて3回投げるとき，目の和が偶数になるような場合は何通りあるか。正しいものを選べ。
  1 106通り   2 108通り   3 110通り   4 112通り
  5 115通り

2 A，B，C，D，E，Fの6人が2人のグループを3つ作るとき，AとBが同じグループになる確率はどれか。正しいものを選べ。
  1 $\frac{1}{6}$ 2 $\frac{1}{5}$ 3 $\frac{1}{4}$ 4 $\frac{1}{3}$ 5 $\frac{1}{2}$

○○○解答・解説○○○

1 2

解説　和が偶数になるのは，3回とも偶数の場合と，偶数が1回で，残りの2回が奇数の場合である。さいころの目は，偶数と奇数はそれぞれ3個だから，
  (1) 3回とも偶数：3×3×3＝27〔通り〕
  (2) 偶数が1回で，残りの2回が奇数
    ・偶数/奇数/奇数：3×3×3＝27〔通り〕
    ・奇数/偶数/奇数：3×3×3＝27〔通り〕
    ・奇数/奇数/偶数：3×3×3＝27〔通り〕
したがって，合計すると，27＋(27×3)＝108〔通り〕である。

2 2

解説　A，B，C，D，E，Fの6人が2人のグループを3つ作るときの，すべての作り方は$\frac{_6C_2 \times _4C_2}{3!}=15$通り。このうち，AとBが同じグループになるグループの作り方は$\frac{_4C_2}{2!}=3$通り。よって，求める確率は$\frac{3}{15}=\frac{1}{5}$である。

図形

演習問題

[1] 次の図で，直方体ABCD－EFGHの辺 AB，BCの中点をそれぞれ
M，Nとする。この直方体を3点M，F，Nを通る平面で切り，頂点B
を含むほうの立体をとりさる。AD＝DC
＝8cm，AE＝6cmのとき，△MFNの
面積として正しいものはどれか。

  1   $3\sqrt{22}$ 〔cm²〕   2 $4\sqrt{22}$ 〔cm²〕

  3   $5\sqrt{22}$ 〔cm²〕   4 $4\sqrt{26}$ 〔cm²〕

  5   $4\sqrt{26}$ 〔cm²〕

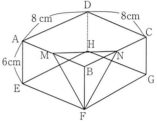

[2] 右の図において，四角形ABCDは円に内
接しており，弧BC＝弧CDである。AB，AD
の延長と点Cにおけるこの円の接線との交点
をそれぞれP，Qとする。AC＝4cm，CD＝
2cm，DA＝3cmとするとき，△BPCと△
APQの面積比として正しいものはどれか。

  1 1：5   2 1：6   3 1：7   4 2：15   5 3：20

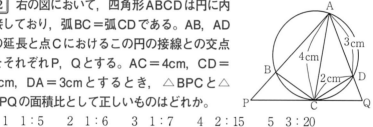

[3] 1辺の長さが15のひし形がある。その対角線の長さの差は6である。
このひし形の面積として正しいものは次のどれか。

  1 208   2 210   3 212   4 214   5 216

[4] 右の図において，円C_1の
半径は2，円C_2の半径は5，2
円の中心間の距離はO_1O_2＝9
である。2円の共通外接線lと2
円C_1，C_2との接点をそれぞれA，
Bとするとき，線分ABの長さ
として正しいものは次のどれ
か。

  1   $3\sqrt{7}$ 2 8   3 $6\sqrt{2}$ 4 $5\sqrt{3}$ 5 $4\sqrt{5}$

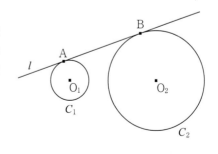

5 下の図において，点Eは，平行四辺形ABCDの辺BC上の点で，AB＝AEである。また，点Fは，線分AE上の点で，∠AFD＝90°である。∠ABE＝70°のとき，∠CDFの大きさとして正しいものはどれか。

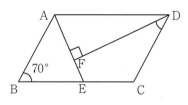

1 48°　　2 49°　　3 50°　　4 51°　　5 52°

6 底面の円の半径が4で，母線の長さが12の直円すいがある。この円すいに内接する球の半径として正しいものは次のどれか。

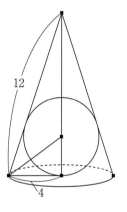

1 $2\sqrt{2}$

2 3

3 $2\sqrt{3}$

4 $\dfrac{8}{3}\sqrt{2}$

5 $\dfrac{8}{3}\sqrt{3}$

○○○解答・解説○○○

1 2

解説　△MFNはMF＝NFの二等辺三角形。MB＝$\dfrac{8}{2}$＝4, BF＝6より，

MF²＝4²＋6²＝52

また，MN＝$4\sqrt{2}$

FからMNに垂線FTを引くと，△MFTで三平方の定理より，

FT²＝MF²－MT²＝52－$\left(\dfrac{4\sqrt{2}}{2}\right)^2$＝52－8＝44

よって，FT＝$\sqrt{44}$＝$2\sqrt{11}$

したがって，△MFN＝$\dfrac{1}{2}$・$4\sqrt{2}$・$2\sqrt{11}$＝$4\sqrt{22}$〔cm²〕

② 3

解 説 ∠PBC＝∠CDA，∠PCB＝∠BAC＝∠CADから，

△BPC∽△DCA

相似比は2：3，面積比は，4：9

また，△CQD∽△AQCで，相似比は1：2，面積比は1：4

したがって，△DCA：△AQC＝3：4

よって，△BPC：△DCA：△AQC＝4：9：12

さらに，△BPC∽△CPAで，相似比1：2，面積比1：4

よって，△BPC：△APQ＝4：（16＋12）＝4：28＝1：7

③ 5

解 説 対角線のうちの短い方の長さの半分の長さをxとすると，長い方の対角線の長さの半分は，$(x+3)$と表せるから，三平方の定理より次の式がなりたつ。

$$x^2 + (x+3)^2 = 15^2$$

整理して，$2x^2 + 6x - 216 = 0$　よって，$x^2 + 3x - 108 = 0$

$(x-9)(x+12)=0$より，$x=9, -12$　xは正だから，$x=9$である。

したがって，求める面積は，$4 \times \dfrac{9 \times (9+3)}{2} = 216$

④ 5

解 説 円の接線と半径より

$O_1A \perp l$，$O_2B \perp l$であるから，

点O_1から線分O_2Bに垂線O_1Hを

下ろすと，四角形AO_1HBは長方

形で，

　$HB = O_1A = 2$だから，

$O_2H = 3$

△O_1O_2Hで三平方の定理より，

　$O_1H = \sqrt{9^2 - 3^2} = 6\sqrt{2}$

　よって，$AB = O_1H = 6\sqrt{2}$

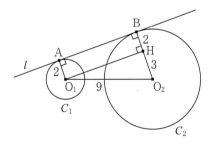

解説 ∠AEB＝∠ABE＝70°より，∠AEC＝180－70＝110°
また，∠ABE＋∠ECD＝180°より，∠ECD＝110°
四角形FECDにおいて，四角形の内角の和は360°だから，
∠CDF＝360°－（90°＋110°＋110°）＝50°

6 1

解説 円すいの頂点をA，球の中心を
O，底面の円の中心をHとする。3点A, O,
Hを含む平面でこの立体を切断すると，
断面は図のような二等辺三角形とその内
接円であり，求めるものは内接円の半径
OHである。

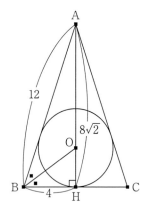

　△ABHで三平方の定理より，
　AH＝$\sqrt{12^2-4^2}$＝$8\sqrt{2}$
　Oは三角形ABCの内心だから，BO
は∠ABHの2等分線である。
　よって，AO：OH＝BA：BH＝3：1
　OH＝$\dfrac{1}{4}$AH＝$2\sqrt{2}$

演習問題

[1] O市, P市, Q市の人口密度 (1km²あたりの人口) を下表に示して
ある, O市とQ市の面積は等しく, Q市の面積はP市の2倍である。

市	人口密度
O	390
P	270
Q	465

このとき, 次の推論ア, イの正誤として, 正しいものはどれか。
　ア　P市とQ市を合わせた地域の人口密度は300である
　イ　P市の人口はQ市の人口より多い
　　1　アもイも正しい
　　2　アは正しいが, イは誤り
　　3　アは誤りだが, イは正しい
　　4　アもイも誤り
　　5　アもイもどちらとも決まらない

[2] 2から10までの数を1つずつ書いた9枚のカードがある。A, B, C
の3人がこの中から任意の3枚ずつを取ったところ, Aの取ったカード
に書かれていた数の合計は15で, その中には, 5が入っていた。Bの取っ
たカードに書かれていた数の合計は16で, その中には, 8が入っていた。
Cの取ったカードに書かれていた数の中に入っていた数の1つは, 次の
うちのどれか。
　　1　2　　2　3　　3　4　　4　6　　5　7

[3] 体重の異なる8人が, シーソーを使用して, 一番重い人と2番目に
重い人を選び出したい。シーソーでの重さ比べを, 少なくとも何回行わ
なければならないか。ただし, シーソーには両側に1人ずつしか乗らない
ものとする。
　　1　6回　　2　7回　　3　8回　　4　9回　　5　10回

4 A～Fの6人がゲーム大会をして，優勝者が決定された。このゲーム大会の前に6人は，それぞれ次のように予想を述べていた。予想が当たったのは2人のみで，あとの4人ははずれであった。予想が当たった2人の組み合わせとして正しいものはどれか。

A 「優勝者は，私かCのいずれかだろう。」

B 「優勝者は，Aだろう。」

C 「Eの予想は当たるだろう。」

D 「優勝者は，Fだろう。」

E 「優勝者は，私かFのいずれかだろう。」

F 「Aの予想ははずれるだろう。」

　1 A, B　　2 A, C　　3 B, D　　4 C, D　　5 D, E

5 ある会合に参加した人30人について調査したところ，傘を持っている人，かばんを持っている人，筆記用具を持っている人の数はすべて1人以上29人以下であり，次の事実がわかった。

ⅰ）傘を持っていない人で，かばんを持っていない人はいない。

ⅱ）筆記用具を持っていない人で，かばんを持っている人はいない。

このとき，確実に言えるのは次のどれか。

1 かばんを持っていない人で，筆記用具を持っている人はいない。

2 傘を持っている人で，かばんを持っている人はいない。

3 筆記用具を持っている人で，傘を持っている人はいない。

4 傘を持っていない人で，筆記用具を持っていない人はいない。

5 かばんを持っている人で，傘を持っている人はいない。

6 次A, B, C, D, Eの5人が，順に赤，緑，白，黒，青の5つのカードを持っている。また赤，緑，白，黒，青の5つのボールがあり，各人がいずれか1つのボールを持っている。各自のカードの色とボールの色は必ずしも一致していない。持っているカードの色とボールの色の組み合わせについてア，イのことがわかっているとき，Aの持っているボールの色は何色か。ただし，以下でXとY 2人の色の組み合わせが同じであるとは，「Xのカード，ボールの色が，それぞれYのボール，カードの色と一致」していることを意味する。

ア　CとEがカードを交換すると，CとDの色の組み合わせだけが同じになる。

イ　BとDがボールを交換すると，BとEの色の組み合わせだけが同じ

になる。

1　青　　2　緑　　3　黒　　4　赤　　5　白

○○○解答・解説○○○

1 　3

解説　「O市とQ市の面積は等しく，Q市の面積はP市の2倍」ということから，仮にO市とQ市の面積を1km²，P市の面積を2km²と考える。

ア…P市の人口は270×2＝540人，Q市の人口は465×1＝465人で，2つの市を合わせた地域の面積は3km2なので，人口密度は，（540＋465）÷3＝335人になる。

イ…P市の人口は540人，Q市は465人なので，P市の方が多いので正しいといえる。

よって推論アは誤りだが，推論イは正しい。

よって正解は3である。

2 　3

解説　まず，Bが取った残りの2枚のカードに書かれていた数の合計は，16－8＝8である。したがって2枚のカードはどちらも6以下である。ところが「5」はAが取ったカードにあるから除くと，「2」，「3」，「4」，「6」の4枚となるが，この中で2数の和が8になるのは，「2」と「6」しかない。

　次にAが取った残りの2枚のカードに書かれていた数の合計は，15－5＝10である。したがって2枚のカードはどちらも8以下である。この中で，すでにA自身やBが取ったカードを除くと「3」，「4」，「7」の3枚となるが，この中で2数の和が10になるのは，「3」と「7」のみである。

　以上のことから，Cの取った3枚のカードは，AとBが取った残りの「4」「9」「10」である。

3 　4

解説　全員の体重が異なるのだから，1人ずつ比較するしかない。したがって一番重い人を見つけるには，8チームによるトーナメント試合数，すなわち8－1＝7（回）でよい。図

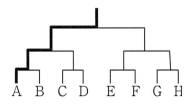

は8人をA～Hとしてその方法を表したもので，Aが最も重かった場合である。次に2番目に重い人の選び出し方であるが，2番目に重い人の候補になるのは，図でAと比較してAより軽いと判断された3人である。すなわち最初に比較したBと，2回目に比較したC，Dのうちの重い方と，最後にAと比較したE～Hの中で一番重い人の3人である。そしてこの3人の中で一番重い人を見つける方法は2回でよい。結局，少なくとも7＋2＝9（回）の重さ比べが必要であるといえる。

[4] 1

解説 下の表は，縦の欄に優勝したと仮定した人。横の欄に各人の予想が当たったか（○）はずれたか（×）を表したものである。

	A	B	C	D	E	F
A	○	○	×	×	×	×
B	×	×	×	×	×	○
C	○	×	×	×	×	×
D	×	×	×	×	×	○
E	×	×	○	×	○	○
F	×	×	○	○	○	○

「予想が当たったのは，2人のみ」という条件を満たすのは，Aが優勝したと仮定したときのAとBのみである。よって，1が正しい。

[5] 3

解説 ⅰ）ⅱ）より集合の包含関係は図のようになっている。

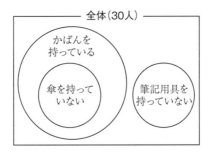

図より，傘を持っていない人の集合と，筆記用具を持っていない人の集

合の共通部分は空集合であり，選択肢1，2，3，5については必ずしも空集合とは限らない。

したがって，確実に言えるのは「傘を持っていない人で，筆記用具を持っていない人はいない」のみである。

6 5

解説　最初の状態は，

	A	B	C	D	E
カード	赤	緑	白	黒	青

まずアより，EとCがカードを交換した場合，CとDの色の組み合わせだけが同じになることから，ボールの色が次のように決まる。

	A	B	C	D	E
カード	赤	緑	青	黒	白
ボール				黒	青

つまり，Cのボールが黒，Dのボールが青と決まる。

カード交換前のカードの色で表すと，

	A	B	C	D	E
カード	赤	緑	白	黒	青
ボール			黒	青	

さらにイより，BとDがボールを交換すると，BとEの色の組み合わせだけが同じになることから，Eのボールの色が緑ときまる。つまり，

	A	B	C	D	E
カード	赤	緑	白	黒	青
ボール			黒	青	緑

ここで，Bのボールの色が白だとすると，Dとボールを交換したときに，CとDが黒と白で同じ色の組み合わせになってしまう。したがって，Aのボールの色が白，Bのボールの色が赤といえる。

つまり，次のように決まる。

	A	B	C	D	E
カード	赤	緑	白	黒	青
ボール	白	赤	黒	青	緑

●情報提供のお願い●

　就職活動研究会では，就職活動に関する情報を募集しています。

　エントリーシートやグループディスカッション，面接，筆記試験の内容等について情報をお寄せください。ご応募はメールアドレス（edit@kyodo-s.jp）へお願いいたします。お送りくださいました方々には薄謝をさしあげます。

　ご協力よろしくお願いいたします。

会社別就活ハンドブックシリーズ

エイベックスの
就活ハンドブック

編　者　就職活動研究会
発　行　令和6年2月25日
発行者　小貫輝雄
発行所　協同出版株式会社
　　　　〒101-0054
　　　　東京都千代田区神田錦町2-5
　　　　　電話　03-3295-1341
　　　　　振替　東京00190-4-94061
印刷所　協同出版・POD工場

落丁・乱丁はお取り替えいたします

●2025年度版●
会社別就活ハンドブックシリーズ

【全111点】

運　輸

東日本旅客鉄道の就活ハンドブック

東海旅客鉄道の就活ハンドブック

西日本旅客鉄道の就活ハンドブック

東京地下鉄の就活ハンドブック

小田急電鉄の就活ハンドブック

阪急阪神 HD の就活ハンドブック

商船三井の就活ハンドブック

日本郵船の就活ハンドブック

機　械

三菱重工業の就活ハンドブック

川崎重工業の就活ハンドブック

IHI の就活ハンドブック

島津製作所の就活ハンドブック

浜松ホトニクスの就活ハンドブック

村田製作所の就活ハンドブック

クボタの就活ハンドブック

金　融

三菱 UFJ 銀行の就活ハンドブック

三菱 UFJ 信託銀行の就活ハンドブック

みずほ FG の就活ハンドブック

三井住友銀行の就活ハンドブック

三井住友信託銀行の就活ハンドブック

野村證券の就活ハンドブック

りそなグループの就活ハンドブック

ふくおか FG の就活ハンドブック

日本政策投資銀行の就活ハンドブック

建設・不動産

三菱地所の就活ハンドブック

三井不動産の就活ハンドブック

積水ハウスの就活ハンドブック

大和ハウス工業の就活ハンドブック

鹿島建設の就活ハンドブック

大成建設の就活ハンドブック

清水建設の就活ハンドブック

資源・素材

旭旭化成グループの就活ハンドブック

東レの就活ハンドブック

ワコールの就活ハンドブック

関西電力の就活ハンドブック

日本製鉄の就活ハンドブック

中部電力の就活ハンドブック

九州電力の就活ハンドブック

自動車

トヨタ自動車の就活ハンドブック   デンソーの就活ハンドブック

本田技研工業の就活ハンドブック   日産自動車の就活ハンドブック

商　社

三菱商事の就活ハンドブック   伊藤忠商事の就活ハンドブック

住友商事の就活ハンドブック   双日の就活ハンドブック

丸紅の就活ハンドブック   豊田通商の就活ハンドブック

三井物産の就活ハンドブック

情報通信・IT

NTT データの就活ハンドブック   サイバーエージェントの就活ハンドブック

NTT ドコモの就活ハンドブック   LINE ヤフーの就活ハンドブック

野村総合研究所の就活ハンドブック   SCSK の就活ハンドブック

日本電信電話の就活ハンドブック   富士ソフトの就活ハンドブック

KDDI の就活ハンドブック   日本オラクルの就活ハンドブック

ソフトバンクの就活ハンドブック   GMO インターネットグループ

楽天の就活ハンドブック   オービックの就活ハンドブック

mixi の就活ハンドブック   DTS の就活ハンドブック

グリーの就活ハンドブック   TIS の就活ハンドブック

食品・飲料

サントリー HD の就活ハンドブック   日本たばこ産業 の就活ハンドブック

味の素の就活ハンドブック   日清食品グループの就活ハンドブック

キリン HD の就活ハンドブック   山崎製パンの就活ハンドブック

アサヒグループ HD の就活ハンドブック   キユーピーの就活ハンドブック

生活用品

資生堂の就活ハンドブック   武田薬品工業の就活ハンドブック

花王の就活ハンドブック

電気機器

三菱電機の就活ハンドブック	パナソニックの就活ハンドブック
ダイキン工業の就活ハンドブック	富士通の就活ハンドブック
ソニーの就活ハンドブック	キヤノンの就活ハンドブック
日立製作所の就活ハンドブック	京セラの就活ハンドブック
ＮＥＣの就活ハンドブック	オムロンの就活ハンドブック
富士フイルム HD の就活ハンドブック	キーエンスの就活ハンドブック

保　　険

東京海上日動火災保険の就活ハンドブック	三井住友海上火災保険の就活ハンドブック
第一生命ホールディングスの就活ハンドブック	損保ジャパンの就活ハンドブック

メディア

日本印刷の就活ハンドブック	エイベックスの就活ハンドブック
博報堂 DY の就活ハンドブック	東宝の就活ハンドブック
TOPPAN ホールディングスの就活ハンドブック	

流通・小売

ニトリ HD の就活ハンドブック	ZOZO の就活ハンドブック
イオンの就活ハンドブック	

エンタメ・レジャー

オリエンタルランドの就活ハンドブック	任天堂の就活ハンドブック
アシックスの就活ハンドブック	カプコンの就活ハンドブック
バンダイナムコ HD の就活ハンドブック	セガサミー HD の就活ハンドブック
コナミグループの就活ハンドブック	タカラトミーの就活ハンドブック
スクウェア・エニックス HD の就活ハンドブック	

▼会社別就活ハンドブックシリーズにつきましては，協同出版のホームページからもご注文ができます。詳細は下記のサイトでご確認下さい。

https://kyodo-s.jp/examination_company